Ich war noch niemals in ...

MALERISCHE STÄDTE IN EUROPA

Lisa Bahnmüller • Julia Schattauer

Ich war noch niemals in …

MALERISCHE STÄDTE IN EUROPA

BRUCKMANN

Inhalt

Osten

Süden

Westen

0 150 km
N
ÄUSSERE HEBRIDEN
ORKNEY-INSELN
Bergen 1
Aberdeen
Glasgow
6
Edinburgh
IRLAND
Belfast
GROSS-
DUBLIN
8
7
Liverpool
Manchester
Cork
BRITANNIEN
9
Birmingham
Nordsee
NIEDER-LANDE
13
Enkhuizen
Edam
Breme
AMSTER-DAM
14
ATLANTISCHER
11
10
Bath
Oxford
LONDON
Rhein
Brügge
Düsseldor
Köln
BRÜSSEL
BELGIEN
DEUTSC
Ärmelkanal
KANAL-INSELN
Brest
Le Havre
Frankfurt
OZEAN
Seine
38
Verdun
LUXEM-BURG
Bad 40 Dürkheim
PARIS
Nantes
Orléans
Straßburg
Stuttg
Loire
Dijon
Zürich
FRANKREICH
Bern
Vaduz
Genf
SCHWEIZ
La Coruña
Golf von Biscaya
Bordeaux
Lyon
37
Annecy
Gijón
Turin
Mail
Vigo
23
Bilbao
24
San Sebastián
34
Biarritz
Garonne
Rhône
Asti
29
20
Porto
Toulouse
Genu
Valladolid
Duero
Ebro
Nizza
35
36
Monte Carlo
PORTUGAL
ANDORRA
Marseille
SPANIEN
Zaragoza
Figueres
22
LISSABON
Tajo
MADRID
Barcelona
KORSIKA
Guadiana
Valencia
MALLORCA
MENORCA
SARDINIEN
Córdoba
IBIZA
Palma de Mallorca
Sevilla
21
Murcia
Cagliari
Cádiz
Málaga
Granada
BALEAREN
Gibraltar
Tanger
Ceuta
MITTELMEER
Melilla
Oran
ALGIER
RABAT
TUNIS
Casablanca
MAROKKO
ALGERIEN
TUNESIEN

FINNLAND
Turku
HELSINKI
Sankt Petersburg
Uppsala
STOCKHOLM
TALLINN
Nowgorod
Rybinsk
Rybinsker Stausee
SCHWEDEN
ESTLAND
Norrköping
Wolga
Pskov
Twer
Oka
2
Göteborg
Kattegat
GOTLAND
LETTLAND
RIGA
4
MOSKAU
Daugava
ÖLAND
Ostsee
3
Malmö
Klaipeda
LITAUEN
Kaunas
Witebsk
RUSSLAND
BORNHOLM
5
RÜGEN
Kaliningrad
VILNIUS
Gdańsk
MINSK
Rostock
Szczecin
Oder
BELARUS
POLEN
Kursk
Elbe
BERLIN
Poznań
Brest
WARSCHAU
Leipzig
Neiße
15
Breslau
Dresden
KIEW
UKRAINE
Dnepr
PRAG
Krakau
Dnipropetrowsk
TSCHECHIEN
Krumau
16
SLOWAKEI
WIEN
BRATISLAVA
17
Salzburg
Eisenstadt
44
Debrecen
Kischinau
Asowsches Meer
ÖSTERREICH
BUDAPEST
MOLDAU
Odessa
Graz
UNGARN
18
KRIM
19
Bovec
SLOWENIEN
Sighisoara
Brasov
Ljubljana
ZAGREB
Venedig
RUMÄNIEN
Sewastopol
Jalta
28
KROATIEN
BUKAREST
BIH
BELGRAD
Donau
Constanta
Schwarzes Meer
Zadar
31
Sibenik
SARAJEVO
32
SERBIEN
Adriatisches Meer
Split
Varna
BULGARIEN
Burgas
Dubrovnik
KOSOVO
SOFIA
Podgorica
ROM
Skopje
NORD-MAZEDONIEN
Istanbul
TIRANA
Bari
ANKARA
Neapel
ALBANIEN
Matera
27
Thessaloniki
Gjirokastra
33
GRIECHENLAND
Ägäisches Meer
TÜRKEI
Tyrrhenisches Meer
Izmir
26
Messina
Ionisches Meer
ATHEN
Patras
Antalya
Bodrum
Catania
SIZILIEN
RHODOS
25
Rabat
MALTA
ZYPERN
Lefkosia

Vorwort

Die altbekannten Straßen und Plätze gegen neue tauschen, Orte, die man nur vom Hörensagen kennt, mit eigenen Bildern und Erinnerungen versehen, einfach mal dem Alltagstrott entfliehen – kurze Auszeiten sorgen für Entdeckerlust und neuen Input. Städtetrips sind die perfekte Gelegenheit, um in kurzer Zeit noch unbekannte Orte zu entdecken. Dabei muss es gar nicht immer in die Metropolen der Welt gehen, oft sind es gerade die unbekannteren kleinen Städte, die uns am meisten überraschen.

Beim Altstadtbummel katapultieren wir uns ins Mittelalter, beim Verkosten der regionalen Spezialitäten fordern wir mitunter unseren Gaumen heraus, beim Gang ins Museum lernen wir unsere Geschichte oft von einer ganz anderen Seite kennen. Und ein Städtetrip braucht auch kein klassischer Kulturausflug zu sein – mit Kanu, SUP oder dem Rad kommen wir nicht selten vom Zentrum direkt in ungezähmte Wildnis.

Dieses Buch soll die Lust in uns wecken, die Reisetasche zu packen, in den Zug zu steigen und auf Streifzüge zu gehen. Mit im Gepäck: eine große Portion Neugier, denn oft verstecken sich hinter den unscheinbaren Ecken, auf die wir meist nur beim Falschabbiegen stoßen, die größten Schätze.

Wir wünschen allen Leser*innen viel Freude beim Erkunden und Sammeln von Marmeladenglas-Momenten!

Julia Schattauer
und Lisa Bahnmüller

← Wer war schon mal in Figueres, um das Teatre-Museu Dalí zu besuchen, das bis ins kleinste Detail vom berühmten Künstler Salvador Dalí selbst entworfen und geplant wurde?

Unser Nachhaltigkeitskodex

Die Welt birgt viele Wunder, Abenteuer und spektakuläre Aussichten, die wir gerne erkunden möchten. Doch sie ist auch leicht aus dem Gleichgewicht zu bringen. Hier ein paar Tipps, wie wir unsere Welt nachhaltig entdecken können:

- **Die Hauptsaison meiden:** Wenn wir nicht gerade auf die Ferienzeiten angewiesen sind, können wir der Umwelt einen großen Gefallen tun, indem wir in der Nebensaison verreisen. Damit tragen wir zu einer gleichmäßigeren Auslastung der Umwelt und der Infrastruktur bei und der Urlaub wird dazu auch noch wesentlich entspannter.
- **Die Aufenthaltsdauer dem Reiseziel anpassen:** Je weiter das Reiseziel ist, desto länger sollte der Aufenthalt sein. Dadurch lernen wir die Region nicht nur intensiver kennen, sondern stärken sie ganz nebenbei noch durch unsere Ausgaben vor Ort. Anfahrtsintensive Tagesausflüge sollten besser vermieden werden, das bedeutet nur Stress, sowohl für die Umwelt als auch für uns selbst.
- **Auf umweltschonende Verkehrsmittel setzen:** Wo es möglich ist, reisen wir mit öffentlichen Verkehrsmitteln an. Das reduziert nicht nur die Luftverschmutzung, sondern schont auch unsere Nerven. Falls das nicht geht, helfen verschiedenste Plattformen dabei, den CO^2-Austoß auszugleichen, vor allem, wenn das gewünschte Reiseziel nur mit dem Flugzeug zu erreichen ist.
- **Nur dort parken und campen, wo es erlaubt ist:** Selbst, wenn wir uns noch so vorbildlich verhalten und unseren Aufenthaltsort so hinterlassen, wie wir ihn vorgefunden haben, stören wir den Lebensraum von Wildtieren und hinterlassen Spuren und Gerüche. Auch Lagerfeuer entzünden wir ausschließlich an den dafür vorgesehenen Stellen und achten dabei auf Waldbrandstufen und Naturschutzgebiete.
- **Ressourcen gewissenhaft nutzen:** Manche Umweltressourcen sind bereits knapp, endlich sind auf jeden Fall alle. Um sie zu schonen, sollten wir sparsam mit ihnen umgehen, gerade in Gegenden, in denen zum Beispiel Wasser oder Strom nicht im Überfluss vorhanden sind.
- **Ein guter Gast sein:** Nachhaltig unsere Umgebung zu erkunden bedeutet auch, der hiesigen Flora und Fauna mit Respekt zu begegnen. Pflanzen sollten auf keinen Fall gepflückt werden, aber sie stehen uns bestimmt gerne Modell für das eine oder andere Foto. Das gleiche gilt für wilde Tiere: wir füttern sie nicht, halten Abstand und beobachten sie aus der Ferne.
- **Auf den Wegen bleiben:** Wer die vorgegebenen Wege verlässt, dringt nicht nur in die Rückzugsräume heimischer Arten ein, sondern trägt auch dazu bei, dass sich neue Wege bilden, was zur Erosion des Bodens führt.
- **Abfall wieder mitnehmen:** Plastikverpackungen jeglicher Art, Dosen, Flaschen und Papiertaschentücher (es dauert Jahre, bis sich ein einzelnes Taschentuch vollständig abgebaut hat!) gehören nicht in die Natur, sondern artgerecht entsorgt. Am besten gleich eine wiederverwendbare Brotdose oder Trinkflasche mitnehmen. Dazu zählen natürlich auch Toilettenpapier und der Inhalt von (Chemie-) Toiletten. Entsprechende Entsorgungsstationen finden sich überall.
- **Lokal kaufen:** Dadurch lernen wir Land und Leute besser kennen und unterstützen die regionale Wirtschaft, außerdem sind regionale Produkte meist auch preisgünstiger und qualitativ hochwertiger.

Nachhaltig draußen unterwegs zu sein, bedeutet auch ein **respektvolles Miteinander** – das sollte stets ein Motto in der Natur sein. Es tut nicht weh, sich gegenseitig zu grüßen und sich entgegenkommend zu verhalten. So haben Wanderer auf schmalen Wegen stets Vorrang, bei Gegenverkehr gilt in steilem Gelände immer: Wer absteigt, hält an. So lässt sich die Schönheit und Vielfalt der Natur gemeinsam genießen.

In den Altstadtgassen von Finale Ligure leben und arbeiten Einheimische. Als Gast sollte man sich rücksichtsvoll verhalten, besonders Lärm vermeiden und die Privatsphäre der hier lebenden Bewohner wahren

In den Städten der nördlichen Gefilde erwarten uns maritimes Flair, immer eine gute Brise Wind und ganz viel Wasser. Das klingt nach Erholung, oder?

Norden

Leben zwischen Skandinavien und der Nordsee

1 Bergen – das Tor zu den Hurtigruten

Immer zeitlos: Berge und Meer!

Bergen, Norwegens zweitgrößte Stadt, ist von sieben hohen Hügeln umgeben. Zur Begrüßung gibt es eine frische Meeresbrise oder fangfrischen Fisch im Fisketorget in der Altstadt. In der UNESCO-Weltkulturerbestadt kann man eine Menge unternehmen – Museen, Stadtteile und immer wieder Berge und Meer!

Bergen liegt ziemlich genau auf dem 60. Breitengrad und damit hoch im Norden Europas, fast gleichauf mit Anchorage in Alaska oder den schottischen Shetlandinseln. Allein schon die Lage an der zerklüfteten Südwestküste Norwegens versprüht eine ganz besondere Magie, einen Hauch von Abenteuerlust, die man am liebsten sofort ausleben möchte.

Bergens großer Reiz besteht darin, dass sich zu einem klassischen Städtetrip zwei der schönsten Landschaftsformen gesellen, die die Erde so zu bieten hat: Berge und Meer. Es gibt fast nichts Schöneres, als genussvoll durch die Stadt zu flanieren, viele malerische Gassen und verspielt Plätze zu entdecken, Szenecafés zu genießen, nur um im Anschluss dem quirligen Leben direkt in die angrenzende Bergwelt zu entfliehen. Alternativ bietet sich eine Fahrt in die nahen Fjorde an. Es ist kaum in Worte zu fassen, von welch wunderbaren und vor allem beeindruckenden, ja geradezu archaischen Landschaften die Stadt Bergen umgeben ist.

Bryggens Hanse-Ursprung

Beginnen sollte man die Reise mit einer Stadtbesichtigung im Stadtteil Bryggen, das zum UNESCO-Weltkulturerbe gehört. Die historische Hafenfront mit ihren bunten restaurierten Hanseholzhäusern und den traditionellen Booten schafft die idyllische Kulisse für eine Zeitreise. Bryggen bedeutet übersetzt »Landungsbrücken« und liegt am Naturhafen Vagen. Die Geschichte Bergens ist lang, lässt sich aber knapp zusammenfassen. Vermutlich wurde die

↗ Hinter den malerischen Häusern von Bergen erheben sich die ersten Hügel und Berge. Auch wenn sie bewaldet sind, oben genießt man meist einen herrlichen Blick auf den Fjord.

Stadt um 1070 von König Olav Kyrre gegründet und entwickelte sich schnell zu einem wichtigen Handelszentrum im nordischen Raum. Im Mittelalter betrieb Bergen zwar ein Handelskontor, gehörte damit aber nicht zum deutschen Handelsbund, der Hanse. Als Hafenstadt profitierte Bergen vom Handel, was zu wirtschaftlichem Aufschwung und Wohlstand führte. Bis 1880 war Bergen nicht nur die größte Stadt Norwegens, sie besaß auch den größten Hafen. In einer Winternacht 1916 vernichtete ein Großbrand weite Teile der Stadt, darunter die vielen Holzhäuser von Bryggen, die jedoch zum Glück wieder originalgetreu aufgebaut wurden.
Ein Spaziergang durch die engen Gassen lohnt sich, es gibt überall tolle Fotomotive, und für die zahlreichen kleinen Läden, Galerien, Restaurants und Cafés sollte man etwas Zeit mitbringen. In der Altstadt ist jedoch noch mehr zu besichtigen. So wartet das Bergen Kunstmuseum am kleinen Stadtsee mit einer umfangreichen Sammlung von Werken internationaler Künstler auf die Besucher. Auch die Festung Bergenhus aus dem 13. Jahrhundert, die von

Tipp

LECKERER FISCH

Norwegen ist kein günstiges Reiseland, aber ein Besuch in Bergen wäre nicht komplett ohne einen Abstecher zum berühmten Fischmarkt, der am Ende des Hafens und in unmittelbarer Nähe der Touristeninformation liegt. Alle Köstlichkeiten des Meeres kann man hier kaufen: Hummer, Krabben, Scampi, Oktopusse, Muscheln, Lachs und unzählige Fischsorten. Vieles davon wird direkt vor Ort zubereitet. Ein wahrer Genuss!

einer gewaltigen Mauer umgeben ist, steht auf dem Besichtigungsprogramm.
Wenn es dann in der Stadt zu voll wird, geht es hinaus in die Natur. Die zwei bekanntesten Hausberge sind der Fløyen (320 Meter) und der Ulriken (643 Meter). Von beiden genießt man einen spektakulären Ausblick auf die Stadt und die umliegenden Fjorde. Doch wirklich ruhig ist es hier meist nicht, denn auf beide Berge führen Lifte, und die werden gerne von den Kreuzfahrttouristen benutzt.
Es gibt sie aber, die kleinen wenig bekannten Gipfel von Bergen, die man mit eigener Leistung erklimmen kann. Der Sandvikspilen im Norden der Stadt ist so einer. Noch unbekannter ist der felsige Lyderhorn Gipfel süd-westlich der Stadt. Jeder Meter Aufstieg zur spektakulären Aussicht auf die Inselwelt Bergen ist die Tour wert.

> »Bergen – die Königin der Fjorde«
>
> *unbekannt*

Wer lieber das Kontrastprogramm haben möchte, bucht eine Tagesbootstour zu den vielen Fjorden bei Bergen. Zu den beiden gewaltigen Meeresarmen, dem Hardangerfjord und dem Sognefjord, die in der letzten Eiszeit entstanden, ist es ziemlich weit. Viele Unternehmen bieten die Ausflüge an. Man kann sich bei der Touristinformation beraten lassen und wenn nötig gleich buchen.
Für eine tagesfüllende Tour bringen uns Bahn und Bus zunächst nach Gudvangen, dann geht es mit dem Boot über den Nærøyfjord zum Sognefjord, Norwegens längstem und tiefstem Fjord. Die Schiffstour endet im kleinen Ort Flåm im Aurlandsfjord, wo man in die historische Flåmbahn wechselt, um anschließen mit dem Zug durch eine wilde Berglandschaft vorbei an Wasserfällen rund 900 Höhenmeter hinauf nach Myrdal zu fahren. Von dort geht es dann ebenfalls mit der Bahn nach Bergen zurück. Kürzer, aber nicht weniger beeindruckend ist eine Fahrt von Bergen nach Mostraumen. Für eine erste Fjordfahrt ist das sicherlich ausreichend, vor allem wenn die Zeit knapp sein sollte. Aber von der Zeit sollte man sich eigentlich jede Menge mitbringen, denn in Bergen und seiner Umgebung gibt es noch unendlich viel mehr zu sehen.

↗ Vom Aussichtspunkt Fløyen blickt man auf Bergens Altstadt und das Hafenbecken.
← Die Fantoft Stabkirche wurde nach einem verheerenden Brand 1992 wiederhergestellt.

Info

VERSETZTE KIRCHE
Ein weiteres Highlight bei Bergen ist die Stabkirche Fantoft, eine historische Holzkirche, die man 1883 vom Sognefjord nach Bergen versetzt hatte. Ganz original ist sie heute nicht mehr, denn auch sie fiel einem Brand zum Opfer.

ZIEMLICH NASS
Bergen ist eine der regenreichsten Städte Europas, es regnet nie sehr lange, aber doch sehr oft. Regenschirm einpacken nicht vergessen, auch wenn der Himmel frühmorgens noch so blau blitzt!

PADDELN ODER RADELN
Sowohl Bergens Bergwelt als auch die Fjorde lassen sich sportlich aktiv auf viele Arten erkunden. Es gibt geführte Paddeltouren in Kajaks oder Radtouren nach Flåm. Ein guter Anbieter für kombinierte Packages ist www.fjordnorway.com.

ANREISE
Die Anreise mit dem Zug dauert sehr lange. Aber Bergen besitzt einen internationalen Flughafen und ist damit auch von Deutschland her gut zu erreichen.

www.visitbergen.com

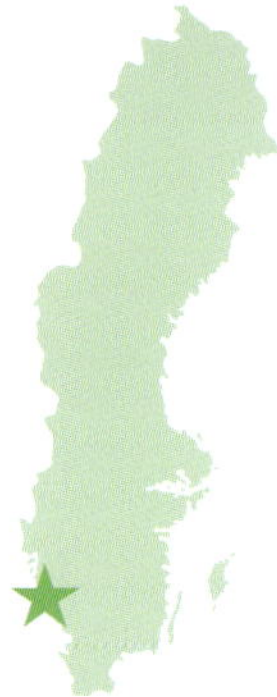

2 Maritimes Göteborg

Den Schärengarten außerhalb der Stadt erleben

Quizfrage: Welche ist die zweitgrößte Stadt Schwedens? Hand aufs Herz: Wer hatte direkt Göteborg auf dem Schirm? Wir auch nicht. Doch ein Blick auf die Küstenstadt mit einer halben Million Menschen lohnt sich! Hier gibt es nicht nur Sightseeing-Potenzial, sondern auch Bilderbuchlandschaft ringsum.

Göteborg liegt direkt an der Küste und damit unmittelbar an einem Schärengarten. Schären sind winzige felsige Eilande, die sich in der Eiszeit gebildet haben. Auf den mehr als 20 Inseln wohnen nicht einmal 5000 Menschen – diese aber so idyllisch, wie man es sich kaum ausmalen kann. Bei einer Entdeckungstour durch den Schärengarten tauchen ab und an kleine rote Holzhäuschen auf, als wären sie direkt aus dem Bilderbuch gepurzelt. Schweden, wie es hübscher nicht sein könnte. Im Sommer mietet man ein Kajak und paddelt sich ganz entspannt selbst durch die Schären. Dazwischen macht man immer wieder Halt, sitzt in der warmen Sommersonne und erfrischt sich beim Sprung ins kühle Nass. Wer nicht selbst paddeln möchte, nimmt eine der Fähre auf eine der Schären, die in Saltholmen ablegen.
Den Hafen erreicht man in weniger als einer halben Stunde vom Zentrum aus mit den öffentlichen Verkehrsmitteln, und auch die Fähren selbst sind Teil des Nahverkehrs. Easy-peasy also.
Übrigens ist der Schärengarten nicht nur im Sommer ein Naturidyll. Auch im Winter, wenn sich eine dicke Eisschicht um die Poller am Wasser gebildet hat, verzaubert die Inselwelt. Nach Hönö zum Beispiel verkehren auch im Winter Linienschiffe.

Einmal aufwärmen zwischen Palmen

Das Schöne an Göteborg: Selbst mitten in der Stadt gibt es viel Natur. Der Slottsskogen-Park ist ein idealer Ort zum Spazieren oder für ein Picknick, und auch der Botanische Garten lädt zum Naturerleben ein. Und wenn (mal wieder) ein kühler Wind weht, gibt es keinen schöneren Ort zum Aufwärmen als das Palmenhaus.
Göteborg war früher vor allem Zentrum des kommerziellen Fischfangs und des Schiffbaus. Bis heute sind die Göteborger stolz auf ihre Fischereitradition. Ein Besuch in einem der Fischrestaurants oder bei einer Fischbude am Hafen ist für alle, die Fisch mögen, also Pflicht. Oder aber man stattet den Saluhallen einen Besuch ab. In der hübschen Markthalle geht es auffällig ruhig und elegant zu. Bei Kajutan gibt es fangfrischen Fisch mit Blick auf die Marktstände.

← In Göteborg spielt sich fast alles am Wasser ab.
↗ Im Sommer erkundet man die Schäreninseln am besten sportlich.

Info

UNIVERSEUM
Das Museum mit den Schwerpunkten Ozean, Regenwald und Weltraum ist ein Ort zum Anfassen. In dem Experimentier- und Erlebnismuseum darf man ausprobieren und mitmachen, und Kinder können nach Herzenslust toben und spielen (www.universeum.se).

LISEBERG
Über 100 Jahre hat der beliebte Vergnügungspark auf dem Buckel – und genau das macht ihn so charmant. Mitten in der Stadt kann man eine Runde in der Achterbahn drehen oder bei Open-Air-Konzerten Musikern lauschen (www.liseberg.com).

ANREISE
Mit der Deutschen Bahn ab Hamburg über Kopenhagen in ca. 9:30 Std.

Eines der Wahrzeichen Göteborgs ist die »Feskekörka«, die »Fischkirche«, die jedoch nur so aussieht und in Wirklichkeit eine historische Fischmarkthalle mit Restaurant-Betrieb ist.

Ostron 25:-/st
Malmstens fisksoppa

3 Malmö – Zimtschnecken und Haute Cuisine

Wo Fika eine Lebenseinstellung ist

Malmö ist ein Paradies für Foodies! Keine andere Großstadt in Schweden hat in Sachen Cafés, Bars und Restaurants pro Einwohner mehr in petto als Malmö. Der richtige Ort also für eine Fika-Expedition.

Der Duft von Kaffee strömt aus der offenen Tür des Cafés, zwei Häuser weiter liegt der süße Geruch von Frischgebackenem in der Luft. Die Straßen von Malmö sind voller Gerüche, die einem das Wasser im Mund zusammenlaufen lassen. In Malmö, im südschwedischen Skåne, trifft man auf eine vielfältige Kulinarik-Szene, die mit regionalen Zutaten und innovativen Konzepten lockt. In Schweden macht man Fika. Was bei uns der sonntägliche Kaffee und Kuchen ist, ist in Schweden die kurze Kaffeepause mit einer kleinen Stärkung. Ein dampfender Kaffee und eine frisch gebackene Zimtschnecke sind das perfekte Match für eine Pause zwischendurch. Es ist die Zeit am Tag, um sich kurz zu entspannen, mit Freunden zu plaudern oder einfach nur einen Moment für sich selbst zu genießen. Fika ist nicht nur eine Alltäglichkeit, sondern eine Lebenseinstellung.

Besonders hip und damit prädestiniert für guten Kaffee und kleine Köstlichkeiten ist der Bezirk Möllevången, kurz Möllan. Hier, im ehemaligen Arbeiter- und heutigen Szeneviertel, reihen sich hübsche Cafés an nette Boutiquen und kleine Restaurants. Ein empfehlenswertes Café für eine Fika ist das Lilla Kafferosteriet, das sich einen Namen mit seinem

← Malmö ist ein echtes Eldorado für Foodies! Egal, ob dem Gaumen nach herzhaft oder süß gelüstet.

Tipp

STERNEKÜCHE

Ein besonderes Highlight ist auch das Restaurant Vollmers, das mit einem Michelin-Stern ausgezeichnet wurde. Hier serviert Küchenchef Andreas Vollmer kreative und innovative Gerichte aus saisonalen und regionalen Zutaten (www.vollmers.nu).

frisch gerösteten Kaffee und seinem köstlichen Kuchen gemacht hat. Hier in der Filiale in Möllan könnt ihr in gemütlicher Atmosphäre sitzen und das Treiben auf der Straße beobachten. Das Lilla Kafferosteriet hat übrigens mehrere Filialen in Malmö.

»Die Stadt Malmö ist wie eine Kiste voller Überraschungen, die darauf wartet, geöffnet zu werden.«

Reisefotograf Simon Bajada

Kaffee im Gewächshaus

Der Schlosspark Slottsträdgården, der sich rund um die eindrucksvolle Burg Malmöhus erstreckt, ist nicht nur ein Ort der Ruhe und Entspannung, sondern auch ein wahres Kleinod in Sachen Café. Das Slottsträdgården-Trädgårdscafé liegt idyllisch im Schlossgarten und ist im Gewächshaus untergebracht. Die Speisekarte bietet eine Vielfalt an Bio-Gerichten, die frisch und mit viel Liebe zum Detail zubereitet werden. Auf den Teller kommen hier auch Zutaten, die direkt aus dem anliegenden Garten geerntet werden. Der Schlosspark Slottsträdgården gilt als grüne Lunge der Stadt, ist ein beliebter Treffpunkt für Einheimische und Touristen gleichermaßen und ein grandioser Ort zum Spazieren oder um einfach auf der Wiese zu liegen.
Wer noch tiefer in die schwedische Küche eintauchen möchte, sollte den Märkten der Stadt einen Besuch abstatten. Besonders empfehlenswert ist der täglich stattfindende Markt am Möllevångstorget in Möllevången. Hier gibt es eine riesige Auswahl an frischem Obst, Gemüse, Fleisch, Fisch und Meeresfrüchten, aber auch an exotischen Gewürzen und Delikatessen aus aller Welt. Die Stände sind bunt sowie vielfältig und man kann hier lokale Spezialitäten entdecken, die sonst nur die Einheimischen shoppen.
Die Malmö Saluhall in einem historischen Gebäude aus dem Jahr 1909 bietet zahlreiche Stände mit regionalen Produkten, oft in Bio-Qualität, aus nachhaltigem Anbau und artgerechter Tierhaltung. Hier kann man sich von Stand zu Stand durchprobieren und lokale Köstlichkeiten wie den Smörgåstårta – ein traditionelles schwedisches Sandwich – kosten. Auch die gehobene Gastronomie kommt in Malmö nicht zu kurz. Das Restaurant Bloom in the Park serviert schwedische Küche auf moderne und kreative Art. Alles funktioniert nach dem Prinzip »No Menu«, was bedeutet, dass die Gerichte täglich nach Verfügbarkeit der Lebensmittel – dabei aber gerne unter Berücksichtigung von Allergien und Unverträglichkeit – konzipiert werden. Auch die hervorra-

↗ In Malmö gehen Moderne und Tradition Hand in Hand.
← Frischen Apfelsaft, guten Kaffee, leckere Sandwiches – all das gibt es im Uggla in Mölle.

gende Weinauswahl lässt keine Wünsche offen. Und zwischen all dem Probieren und Schlemmen gibt es natürlich auch noch ein bisschen was von der Stadt zu sehen. Malmö ist eine Stadt der Kontraste. In der Altstadt Gamla Staden fühlt man sich dank der charmanten Kopfsteinpflasterstraßen und der malerischen Fachwerkhäuser wie in einem mittelalterlichen Märchen, während der Turning Torso, das höchste Gebäude Skandinaviens, ein beeindruckendes Beispiel moderner Architektur ist.

Info

UGGLA

In der Uggla Kaffebar im Trendviertel Möllevången gibt es leckere Sandwiches und Salate zum Lunch und hervorragenden Kaffee.

KONSTMUSEUM

Das Museum zeigt moderne und zeitgenössische Kunst von nationalen und internationalen Künstlern und ist in einem beeindruckenden Gebäude aus dem 19. Jahrhundert untergebracht (www.malmo.se/Uppleva-och-gora/Konst-och-museer/Malmo-Konstmuseum).

STRAND

Der Ribersborgsstranden liegt nur wenige Kilometer vom Stadtzentrum entfernt. Hier kann man bei schönem Wetter schwimmen oder in der Sonne liegen mit Blick auf die Öresundbrücke.

ANREISE

Mit dem Zug geht es von Hamburg über Kopenhagen in 6–8 Std. nach Malmö.

4 Jugendstilstadt Riga

Ein architektonischer Ausflug im Baltikum

Perle des Baltikums oder auch Paris des Ostens. Riga, der Haupt- und größten Stadt Lettlands, sieht man ihre Vergangenheit als Handelszentrum an. Als Nahtstelle zwischen Ost und West konnte sich hier eine blühende Metropole etablieren.

Die Hanse hinterließ in ihrer hohen Zeit Spuren, die wir heute in der nach dem Krieg restaurierten Altstadt (wieder) bewundern können. Glanzlichter wie die im Stil der niederländischen Renaissance errichteten Häuser »Drei Brüder« und das prunkvolle Schwarzhäupterhaus zeugen vom Prunk vergangener Tage und den regen Handelsbeziehungen in alle Welt. Das 1334 als das »Neue Haus der Großen Gilde« erstmals urkundlich erwähnte Gebäude war ein Versammlungsort für Kaufleute und die vorwiegend deutschen Bürger der Stadt.
Im 19. Jahrhundert ließ man die Altstadtmauer abtragen und machte damit neues Bauland verfügbar. Innerhalb kurzer Zeit explodierte die Einwohnerzahl von etwa 100.000 auf 450.000 Menschen. Auf den alten Wallanlagen nördlich der Altstadt entstanden imposante Stadtresidenzen und luxuriöse Mehrfamilienhäuser, Boulevards und Parks nach dem Vorbild von Paris oder Wien wurden angelegt, und die Stadt wandelte sich zu einer modernen Metropole im internationalen Stil. Mit rund 800 Jugendstilbauten, bei denen sich die Architekten gegenseitig überboten und dabei zugleich ihren ganz eigenen Stil etablierten, holte sich Riga den Namen als Hauptstadt des Jugendstils und später den Titel zum Weltkulturerbe. Genau diese Andersartigkeit im Vergleich zum französischen Art Nouveau oder dem deutschen Jugendstil wurde Teil eines lettischen Nationalbewusstseins. Reichhaltige Verzierungen mit Dämonen und grotesken Figuren, streng in die Vertikale strebende Bauweise oder Verweise an traditionelle lettische Holzbauweise sind typisch für den Rigaer Jugendstil.
Wer durch die Alberta iela läuft, kann besonders schöne Prachtbauten bewundern: geheimnisvolle Symbole, filigraner Stuck – beim Spaziergang durch die Straße kommt man aus dem Bewundern der Detailfreude nicht heraus. Doch Vorsicht: Vom ständigen Nach-oben-Sehen schmerzt irgendwann der Nacken, doch das ist es allemal wert.

← Im Schwarzhäupterhaus trafen sich die Kaufleute und Bürger.
↗ Architektonische Perlen in der Altstadt.

Info

JUGENDSTIL
Der Besuch im kleinen, aber feinen Jugendstilmuseum lohnt sich nicht nur, wenn das Wetter trist daherkommt (www.jugendstils.riga.lv).

ZENTRALMARKT
Der Markt in Riga befindet sich in riesengroßen Zeppelinhallen. In imposantem Ambiente gibt es Gemüse, Obst, Fleisch, Fisch und Milchprodukte in Hülle und Fülle (www.rct.lv).

BLACK BALSAM
Den traditionellen lettischen Likör sollte man probieren! Das schwarze Nationalgetränk wird aus Kräutern, Blüten und Beeren hergestellt und hat stolze 45 Prozent.

MIIT COFFEE
Ein Brunch-Buffet gibt es im MiiT Coffee mit vegetarischen und veganen Gerichten – außerdem Leih-Bikes (www.facebook.com/miit.tiim).

ANREISE
Riga und Vilnius sind zwei Städte, die man ideal verbinden kann. Mit dem FlixBus dauert die Fahrt etwa 3:45 Std. und kostet ca. 16 €.

5 Utopisches Vilnius

Eine kulturelle Schatzkammer im Herzen Europas

Puh, irgendwo im Osten oder doch weiter im Norden? Der Name der litauischen Hauptstadt wirft Fragen auf. Vilnius ist in Sachen Städtetrips ein Geheimtipp – und bei vielen gar nicht erst auf dem Schirm.

Barock auf sieben Hügeln: Die Altstadt von Vilnius ist eine der größten und am besten erhaltenen Altstädte Europas und nichts weniger als UNESCO-Weltkulturerbe. Wer Altstadtbummel mag, wird Vilnius lieben. Beim Schlendern geht es durch schmale Gässchen, hinter jeder Ecke wartet ein kleines Juwel in Form von barocken Kirchen oder historistischen Plätzen wie dem Kathedralenplatz. Das Stadttor mit dem malerischen Namen »Tor der Morgenröte« wurde im 16. Jahrhundert errichtet, im 17. Jahrhundert umgebaut und mit einer Kapelle versehen. Während der sowjetischen Besetzung wurde die Kapelle geschlossen und das Tor schwer beschädigt. Nach der Wiedererlangung der Unabhängigkeit Litauens wurde der Ort restauriert und wieder für Besucher geöffnet. Die Kapelle ist ein beliebter Wallfahrtsort für Katholiken, und das Tor selbst gilt als Symbol der nationalen Identität und Unabhängigkeit.

Tipp

FREE WALKING TOUR

Wer mehr über die Geschichte von Užupis erfahren möchte, nimmt am besten an einer von sechs kostenlosen »Free Walking Touren« durch die Altstadt teil, die fast täglich von unterschiedlichen Guides angeboten werden. Ein Kundiger von Vilnius Free Walking Tour wartet täglich um 10:30 Uhr auf Interessierte am Kathedralenplatz (www.vilniusfreetour.lt).

Im Staat der Utopie

Wer die Altstadt nach einem Bummel verlässt und die Vilnia über die mit unzähligen Liebesschlössern geschmückte Užupis-Brücke überquert, landet in einer ganz anderen Welt: Užupis – das klingt nicht ohne Grund wie Utopie. Doch erst einmal bedeutet

→ **Der Engel von Užupis verkündet die Wiedergeburt des Viertels und der Kunstfreiheit.**

Coffee 1
KAVA
DESERTAI
LEDAI
Coffee 1

der Name nur so viel wie »jenseits des Flusses«. Die Halbinsel östlich der Altstadt ist ein pulsierender Ort, der Kunst, Selbstbestimmtheit und Freiheit verkörpert. In einem der ärmsten Viertel, das einst mit einer hohen Kriminalitätsrate zu kämpfen hatte, riefen Künstler und Bohemiens 1997, natürlich am 1. April, ihre Unabhängigkeit in Form einer Republik aus – mit einer eigenen Flagge, einem Wappen, einer Nationalhymne, einem Präsidenten und Minister. Als Regierungssitz diente das Restaurant Užupio kavinė. Selbstverständlich darf auch eine Verfassung nicht fehlen, und diese kann man an einer Mauer ablesen. Demnach hat jeder Mensch das Recht, am Fluss Vilnia zu leben, und der Fluss Vilnia hat das Recht, an jedem vorbeizufließen. Jeder Mensch hat das Recht, glücklich, aber auch unglücklich zu sein. Katzenfreunde aufgepasst: Nach Užupischer Verfassung ist jeder berechtigt, eine Katze zu lieben und für sie zu sorgen. Klingt gut? Wer jetzt Bewohner der Republik werden will, kann

> »Jeder Mensch hat das Recht, für seine Unbedeutsamkeit dankbar zu sein.«
>
> *Verfassung von Užupis*

das unabhängig von Nationalität und Wohnort. Das Einzige, was man tun muss: sich hinstellen und laut rufen: »Ich bin ein Bewohner von Užupis!« Heute ist das Viertel eines der beliebtesten der Stadt, der einst schlechte Ruf längst passé. Beim Spaziergang durch die engen Kopfsteinpflastergassen lassen sich Street-Art an den Wänden und Skulpturen bewundern. Alternative Bars reihen sich an coole Cafés wie das Coffee1, das mit erstklassigem Kaffee punktet. Regelmäßige Ausstellungen locken in den Užupis Art Incubator oder in eine der vielen Kunstgalerien des Viertels. Zahlreiche Feste sorgen dafür, dass immer etwas los ist im bunten Užupis. Und wer ein Päuschen von all dem Treiben braucht, findet den perfekten Platz zum Durchschnaufen in dem kleinen Park Tibeto skveras direkt am Fluss. In einem Buchtauschregal findet man vielleicht noch die passende Reiselektüre. Von einer ganz anderen Seite zeigt sich das Viertel nur ein paar Meter vom zentralen Platz entfernt. Dass es in Užupis nicht nur künstlerisch und ausgelassen zugeht, erlebt man auf dem Bernhardiner-Friedhof ganz im Osten des Viertels. Der Friedhof ist ein Ort der Stille. Im Frühling verwandeln sich die Grünflächen in einen Blütenteppich, um Allerheiligen bilden die Grabkerzen ein Lichtermeer. Der 1810 im Auftrag der Bernhardiner errichtete Parkfriedhof ist als historisches Kulturdenkmal ge-

↗ Das Motto lautet hier: Hauptsache bunt.
← Im Viertel strotzt es vor Kunst. An jeder Ecke gibt es Dinge zu entdecken.

schützt und nimmt Besucher mit auf eine kleine Reise in die Vergangenheit.

Passend zum Sonnenuntergang geht es zurück über die Vilnia. Vom Gediminas-Turm, einem Festungsturm der einstigen Burg, hat man den besten Blick. Hoch geht es entweder zu Fuß oder mit der Seilbahn. Im Turm befindet sich für Geschichtsinteressierte auch ein Geschichtsmuseum.

Info

BENEDIKT-MARKT

Auf dem Markt gibt es lokale Spezialitäten wie Käse, Wurst, Obst und Gemüse, aber auch Handwerkskunst wie Körbe (www.benediktoturgos.lt).

ROSEHIP

The future is vegan. Im Rosehip gibt es leckeres veganes Essen von Suppen und Salaten bis Burger in hipper Atmosphäre (www.rosehip.lt).

ŠPUNKA

Richtig urig ist diese Kneipe in Užupis, nur wenige Schritte von der Engelstatue am Hauptplatz des Viertels entfernt.

ANREISE

Per Bus lassen sich Vilnius und Riga zu einem doppelten Städtetrip verbinden. Mit dem FlixBus dauert die Fahrt etwa 3:45 Std und kostet ca. 16 €.

6 Edinburgh – Festivalhochburg im August

Pulsierende Kreativität und traditionsreicher Zapfenstreich

Edinburgh, die quirlige Hauptstadt Schottlands, ist berühmt für ihre imposante Burg, ihre steilen Hügel und ihr historisches Erbe. Doch jedes Jahr im August verwandelt sich die Stadt zum weltweit größten Kulturfestival!

Das außergewöhnliche Spektakel nennt sich Edinburgh Festival Fringe und existiert schon seit 1947. Von Jahr zu Jahr ist es größer geworden und zieht heute mit einer Mischung aus Theater, Comedy, Musik und Tanz Künstler und Besucher aus der ganzen Welt an. An 25 Tagen mit mehr als 50.000 Aufführungen ist für jeden etwas dabei. Gemeinsam begibt man sich auf eine einzigartige Reise voll Kreativität, Spontanität, Emotionen und Inspiration.

Wer im August Edinburghs Altstadt rund um die Kathedrale an der High Street betritt, spürt die Energie und Aufregung, die mit dem Fringe Festival einhergeht. Die ganze Stadt vibriert, in den Straßen herrscht ein reges Treiben von Menschen unterschiedlichster Nationen, die sich von einer Aufführung zur nächsten drängen. Die Straßenkünstler sorgen für spontane Unterhaltung, während die Plakate an den Wänden und Laternenpfählen auf die Vielfalt des Programms hinweisen. Dazu kommen natürlich noch die Künstler selbst, die kreativ und unterhaltsam für ihre Shows Werbung machen und um Aufmerksamkeit buhlen. Das allein schon ist ein Erlebnis.

Wer dazu noch Englisch beherrscht, besucht improvisierte superwitzige Comedy-Shows oder Theateraufführungen, die an unzähligen Spielorten – darunter neben großen Bühnen provisorische Räume – oder auch nur in klitzekleinen Kellertheatern stattfinden. Universell verständlich, auch ohne englische Sprachkenntnisse, sind experimentelle Tanzperformances, Opernaufführungen und Musik-Acts. Jede Vorstellung ist einzigartig und eröffnet eine neue Welt der Kunst und des Ausdrucks. Es gibt sogar interaktive Performances, bei denen das

← Überbordend voll wird Edinburghs Hauptstraße, die High Street, zur Zeit des Fringe Festivals.

»Coming back to Edinburgh is to me like coming home.«

Charles Dickens

Publikum aktiv miteinbezogen wird.
Eines der herausragenden Merkmale des Fringe Festivals ist die Offenheit für jeden Künstler, egal, ob etabliert oder aufstrebend. Jedes Talent hat die Möglichkeit, sich und sein Werk einem breiten Publikum zu präsentieren.
Abseits des Fringe Festivals hält Edinburgh im August aber noch eine weitere Überraschungen bereit. Das Royal Edinburgh Military Tattoo (der Zapfenstreich) ist das größte Musikfestival Schottlands. Es findet seit 1950 neben dem Edinburgh Castle statt. Die Ursprünge führen ins 17. Jahrhundert zurück, als Trommler und Dudelsackspieler das Militär anführten. Diese Tradition wurde im Laufe der Jahrhunderte weiterentwickelt, und so gibt es heute das »Tattoo«. Mehrere Militärkapellen trommeln, pfeifen und dudeln in schottischer Tracht Marschmusik. Gepaart mit den Tänzern der Highland Spring Dancers, akrobatischen Darbietungen und spektakulären Lichteffekten wird das Ganze zu einer unvergesslichen Show vor der effektvollen Kulisse des altehrwürdigen Schlosses.

Auf historischen Wegen

Natürlich sollte man Edinburgh nicht verlassen, ohne zuvor noch das Edinburgh Castle zu besuchen.

Die weitläufige und geschichtsträchtige Anlage ist riesengroß und von überall aus der Stadt zu sehen, denn sie wurde auf dem Castlehill, einem der vielen Hügel Edinburghs, errichtet. Sie zählt zu den großen kulturellen Sehenswürdigkeiten Schottlands, und für ihre Erkundung sollte man mehrere Stunden einplanen. Auf dem Gelände befinden sich Museen und Gartenanlagen. Täglich um 13 Uhr, außer sonntags, wird traditionell die »One O'Clock Gun« von einer Batterie in Edinburgh Castle abgefeuert. Ursprünglich wurde die Kanone verwendet, um den Schiffsbesatzungen auf dem Firth of Forth ein akustisches Signal zu geben. Damit teilte man ihnen die genaue Zeit mit und half dadurch, die Navigation zu verbessern. Heutzutage ist es eher ein großes Spektakel und eine beliebte Attraktion.
Vom Schloss führt ein lebhafter Straßenzug mit charmanten Restaurants und Geschäften bis zum Palace of Holyrood House, dem Schloss der Stuarts aus dem 16. Jahrhundert. Bei einem Bummel über die »Royal Mile«, die sich eigentlich aus den Straßen Lawnmarket, High Street und Canongate zusammensetzt, trifft man auf die Kathedrale, einige Whisky-Destillerien und viele bunte Häuschen. Ein besonders spannendes Erlebnis ist ein nächtlicher Rundgang auf der Royal Mile. Bei einer Grusel-Führung besucht man auch die berüchtigten unterirdischen Gewölbe in der Straße South Bridge und erfährt dabei jede Menge Spannendes über die dunklen Seiten der Stadt.

↑ Wer echte schottische Dudelsackspieler sehen möchte, besucht das Military Tattoo.
↙ Vom Edinburgh Castle blickt man auf die Altstadt und auf die Schottische See.

Info

TICKETS

Für die unterirdischen Gewölbeführungen bietet sich Auld Reekie Tours an, die Tickets müssen aber im Voraus gebucht werden (www.auldreekietours.com). Infos und Tickets für die beiden Festivals erhält man auf: www.edfringe.com und www.edintattoo.co.uk.

HAUSBERG

Der »Hausberg« von Edinburgh, Arthur's Seat, liegt im Holyrood Park. Mit gerade einmal 251 m Höhe einfach zu meistern, auch wenn es ganz schön steil nach oben geht. Vom Gipfel genießt man einen herrlichen Blick über die Stadt, sogar das Meer hinter der Bucht Firth of Forth ist zu sehen.

ANREISE

Mit dem Flugzeug geht es nach Edinburgh, für die Erkundung der Stadt reichen öffentliche Verkehrsmittel völlig aus.

www.visitscotland.com

7 Fußballstadt Manchester

Von der Industriestadt zum Fußball-Mekka und Kultur-Hotspot

Cool, cooler, Manchester. Als Wiege der industriellen Revolution hat die Stadt einen rauen Charme, in der eine florierende Kunst- und Musikszene herangereift ist. Eine perfekte Mischung!

Industrie hin, Kultur her – bei Manchester denken die meisten wahrscheinlich viel eher an etwas anderes: Fußball! Weltweit bekannt ist Manchester wegen seiner beiden Premiere-League-Clubs Manchester United und Manchester City. Fußballfans aus aller Welt pilgern regelmäßig in die Stadt, um ihre Lieblingsmannschaften live in Aktion zu sehen. Wer nicht im Fanblock jubelt, kann einen Blick hinter die Kulissen der heiligen Hallen von Manchester United werfen. Im Old Trafford gibt es an spielfreien Tagen exklusive Führungen in die Umkleidekabinen, durch den Spielertunnel, auf die Trainerbank und direkt an den Rasen der Red Devils, wo die Magie passiert. Im Museum dreht sich dann alles um die Geschichte des Vereins. Übrigens: Mit einer Kapazität von 74.310 Zuschauern ist das Old Trafford nach dem Wembley-Stadion in London das zweitgrößte Fußballstadion in Großbritannien. Manchester City ist im Etihad Stadium zu Hause. Im Rahmen einer Stadiontour kommen Sie an die Orte, die normalerweise nur die Profis sehen. Am Ende gibt es in der Ausstellung alle Infos zum Champions-League-Sieger 2023. Doch das war noch längst nicht alles! In der Fußballstadt liefert das National Football Museum noch mehr Input rund um den englischen Rasensport. Original-Trikots, Schuhe der Superstars oder interaktives Mitspielen: Das Museum ist familienfreundlich und ein kurzweiliger Spaß für Groß und Klein.

Tipp

PEAK DISTRICT TOUR

Genug von der Stadtluft? Vor den Toren Manchesters erstreckt sich der Peak District. Bei Wanderungen über Hügel und Wiesen erlebt man Natur pur. Mit dem Zug geht's nach Edale, von dort wandert man zum Kinder Scout, dem höchsten Berg des Nationalparks.

→ **Das Schöne an Manchester ist die Vielfalt: Arbeitercharme geht einher mit einer bunten Kunst- und Designszene.**

Vivienne
Westwood
LONDON

Dass die Briten Fußball lieben, merkt man am besten im Pub. Wenn ein Spiel über den Bildschirm flimmert und ein Pint auf dem Tisch steht, dann ist man hier in seinem Element. Um das Fußballerlebnis in Manchester komplett zu machen, lohnt sich also ein Besuch in einer der unzähligen Kneipen. Ob The Salisbury oder The Waldorf – man kann bei der Wahl wirklich nicht viel falsch machen.

»Fußball ist nicht nur ein Spiel, es ist eine Art zu leben.«

Sir Matt Busby, legendärer Trainer von Manchester United

Das coolste Viertel der Stadt

Genüsslich ein Craftbeer trinken, während nebenan ein Graffiti entsteht. Das ist im Northern Quarter nichts Ungewöhnliches. Wer vom coolen Manchester spricht, meint das alternative Viertel im Norden der Stadt, das für seine kreative Atmosphäre und seine unabhängige Kunst- und Musikszene zwischen Street-Art und Konzertlocations bekannt ist. Künstler, Musiker, Designer und andere kreative Köpfe haben sich hier einquartiert. Ob nun veganes Full English Breakfast oder grandiose Cocktails – rund um die Oldham Street gibt es hippe Restaurants und alternative Cafés. Bei Kunstausstellungen oder Open-Mic-Abenden, Konzerten, Festivals und auf Märkten wird man mitten in das pulsierende Viertel katapultiert. Potenzial für einen Lieblingsort hat die Markthalle Mackie Mayor aus der Jahrhundertwende. Hier gibt es Pizza in neapolitanischem Stil mit herrlich fluffigem Rand, würzige Tacos und Cocktails: Am besten isst man auf der Galerie mit Blick auf das Treiben darunter.

Ein bisschen klassisches Sightseeing darf dann nicht fehlen. Beim Spaziergang geht es vorbei an Architekturperlen wie dem Rathaus, der Kathedrale und der John Rylands Library. Zugegeben, wer den gotischen Backsteinbau des John Rylands Research Institute and Library von außen betrachtet, wähnt sich eher in einer Kirche als in einer Bibliothek. Seit 1990 ist sie für die Öffentlichkeit zugänglich – glücklicherweise, denn sie gehört zweifellos zu einer der schönsten Bibliotheken der Welt. Ein Besuch lohnt sich also nicht nur für Bücherwürmer. Wer das Sightseeing ganz entspannt angehen möchte, macht auf dem Schiffskanal und dem River Irwell eine Bootstour sowie eine Entdeckungsreise durch das einstige industrielle Zentrum Nordenglands.

↗ Eines der ältesten familiengeführten Geschäfte Manchesters: ein Tresorhändler.
← In der Manchester Art Gallery stehen vor allem englische Künstler im Zentrum.

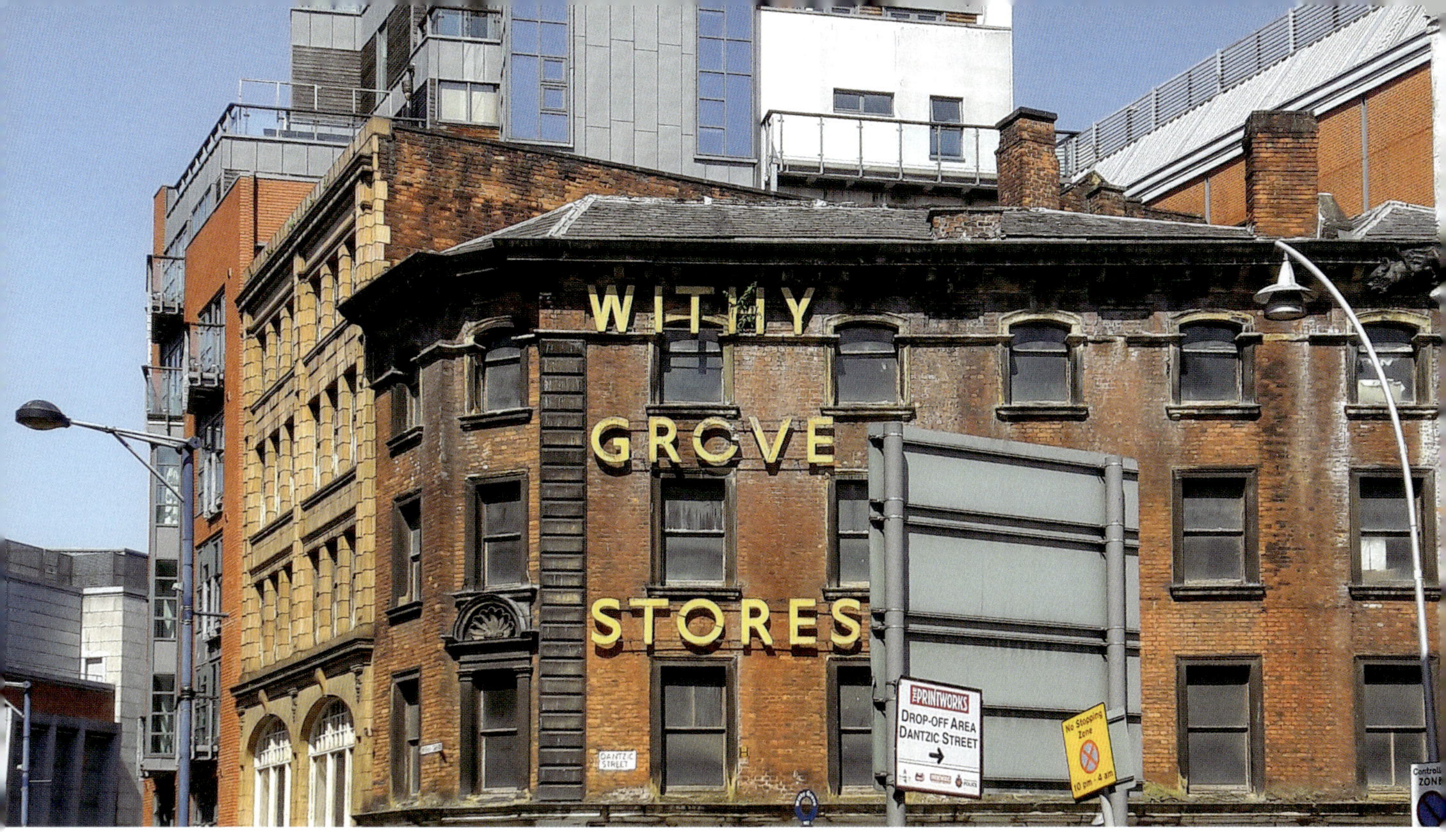

Wenn sich der Magen mit leichtem Knurren meldet, ist der Gang in Manchesters Chinatown eine gute Idee. Das zweigrößte chinesische Viertel in Großbritannien lockt nach dem Durchschreiten des bunt bemalten Eingangstors mit Bäckereien, Supermärkten und Restaurants. Dumplings, Mapo Tofu oder Ente? Hier hat man die Qual der Wahl. Im Februar herrscht Ausnahmezustand zur jährlichen Feier des chinesischen Neujahrsfestes. Dann verwandelt sich Chinatown in ein einziges Straßenfest.

Info

GOTHAM HOTEL

Luxuriös und extravagant geht es im zentral gelegenen Gotham Hotel zu. Das Design ist dem mondänen 1920er-Charme von Gotham City gewidmet, aber nicht nur etwas für Batman-Fans.

MUSEUM OF SCIENCE & INDUSTRY

Lok, Dampfmaschine, »Spinning Jenny«: Das Museum widmet sich in verschiedenen Hallen der industriellen Vergangenheit und den wissenschaftlichen Errungenschaften Manchesters (www.collection.sciencemuseumgroup.org.uk).

ANREISE

Nach England mit dem Zug: Von Brüssel und Paris fährt der Eurostar nach London. Dort geht es dann mit dem Zug in 2:30 Std. weiter nach Manchester.

8 Musikalisches Liverpool

Die Wiege der Popmusik

Jürgen Klopp und die Beatles – wer Liverpool hört, denkt entweder an Fußball oder fängt an zu summen. Weit vor Fußball und den Fab Four war Liverpool bereits eine bedeutende Hafenstadt, in deren Docks heute Kultur eingezogen ist.

Von Liverpool aus eroberten die Fab Four die Welt. Wer hätte damals gedacht, dass die vier Pilzköpfe in musikalischer Sicht einmal die Welt verändern würden? In Liverpool ist man gebührend stolz auf die Band. Das Museum »The Beatles Story« nimmt seine Besucher mit auf die Erfolgsreise der Musiker. Von den ersten Auftritten im berühmtem Cavern Club in Liverpool bis zum internationalen Megaerfolg folgt man der im Original von John Lennons Schwester Julia gesprochenen Guide von Schauplatz zu Schauplatz. Das Besondere: Die Stationen wurden nachgebaut, und so ist man plötzlich mittendrin im Geschehen beziehungsweise direkt vor der Bühne. Ein weiteres Museum, das sich der erfolgreichsten Band der Welt widmet, ist das Beatles Museum. Die Ausstellung konzentriert sich vor allem auf die Anfangsjahre der Band in Liverpool und Hamburg und zeigt wertvolle Originale aus dieser Zeit. Instrumente, Briefe, Möbelstücke und persönliche Gegenstände können aus nächster Nähe bewundert werden.
Der Cavern Club in der Mathew Street gilt als Wiege der Popmusik und Meilenstein der Beatles. Hier spielten die vier jungen Männer am 9. Februar 1961 ihr erstes Konzert nach ihrer Rückkehr aus Hamburg – und das sollte nur der Anfang sein! Sage und schreibe 300-mal rockten die Beatles von 1961 bis 1963 hier die Bühne. Auch heute noch kann man dem Cavern Club einen Besuch abstatten. Dabei wurde der Original-Club 1973 abgerissen, doch glücklicherweise in den 80ern wieder neu zum Leben erweckt. In der Mathew Street schlägt bis heute das musikalische Herz der Stadt. Für Beatles-Fans ist eine Stadtführung rund um die berühmtesten Musiker der Stadt ein Muss. Ikonisch ist die zweistündige Bustour »Magical Mystery Tour«. Dann gibt es alles rund um die Beatles live und in Farbe.

← Bunt, divers, traditionsreich: der Liverpooler Hafenkomplex.
↗ The Royal Liver Building: ein Wahrzeichen mit 360°-Aussichtsplattform.

Vom Industrie- zum Eventhafen

Im 18. Jahrhundert war der Liverpooler Hafen einer der modernsten und umschlagreichsten der Welt. Im Zweiten Weltkrieg erlitten die Docks schwere Schäden. Als sich dann die Wirtschaftslage in den 70ern verschlechterte, macht der Hafen schließlich dicht. Gut zehn Jahre später wurden die Docks aus ihrem Schneewittchenschlaf geholt. Heute pulsiert die Gegend um das Royal Albert Dock wieder. Es gibt Restaurants, Bars und Museen. Durch die um-

Tipp

MUSEUM OF LIVERPOOL

Hafen, Industriegeschichte, Musik – wer mehr über das Liverpool im Wandel der Zeit erfahren möchte, der geht im preisgekrönten Museum of Liverpool auf Zeitreise. Das Schöne: Hier darf mitgemacht, ausprobiert und angefasst werden. Perfekt also auch für Familien!
Der Eintritt ist kostenlos.

fassenden Umbaumaßnahmen ging allerdings der Welterbetitel, den der Hafen zwischen 2004 und 2021 trug, flöten.
Ebenfalls zum historischen Hafen gehört das sogenannte Pier Head. Hier gibt es auch noch ein Schmankerl für Beatles-Fans: eine Statue, die an die Band erinnert. Daneben steht das Titanic Memorial. Hier in Liverpool hatte nämlich die Reederei des wohl bekanntesten Passagierdampfers, die White Star Line, ihren Hauptsitz. Imposant ragen am Pier Head die »Drei Grazien« empor: Das Liver Building, das Port of Liverpool Building und das Cunard Building dominieren die Skyline – ein beeindruckender Anblick! Den Blick von oben auf Stadt und Hafen kann man wiederum von der Aussichtsplattform des Liver Buildings genießen.
Wer beim Citytrip immer auch einen Besuch der örtlichen Kathedrale auf dem Pflichtprogramm hat, bekommt in Liverpool gleich zwei zur Auswahl. Die anglikanische Liverpool Cathedral wurde im 20. Jahrhundert im neugotischen Stil errichtet und hält mit ihren Ausmaßen mehrere Weltrekorde. Die katholische Liverpool Metropolitan Cathedral am anderen Ende der Mount Pleasant Street ist aus den 1960ern und noch eine Spur moderner.
Was dem Städtetrip das i-Pünktchen aufsetzt, ist ein Ausflug über die Grenzen der Stadt hinaus. Nur eine halbe Stunde mit dem Zug entfernt liegt im Norden der Crosby Beach. Die salzige Luft in den Lungen, die Augen am Horizont, die Füße im Sand. Gibt es etwas Schöneres? Was den Strand besonders macht, sind die hundert Skulpturen des Künstlers Antony Gormley, die am Strand und im Wasser stehen. Die riesigen Menschenfiguren wirken mal ein wenig unheimlich, mal irgendwie beruhigend, aber immer sehenswert!

»Eine gute Stadt hat eine Seele – Liverpool hat mehr als das.«

Schriftsteller John Betjeman

↗ Das Hafengebiet Pier Head zeugt mit seinen Gebäuden vom einstigen Wohlstand der Stadt.
← Der Backstein, der die Gebäude am Hafen ziert, versprüht industriellen Charme.

Info

HOTEL
Für Fans der Pilzköpfe gibt es nur ein Hotel: das Hard Days Night in Cavern, das sich ganz der Band widmet (www.harddaysnighthotel.com).

MARITIME MUSEUM
Am Pier Head geht es im Maritime Museum zurück in die Geschichte der Seefahrt. Das zugehörige International Slavery Museum widmet sich dem Thema Sklaverei. Beide Museen sind kostenlos!

PEAKY BLINDERS TOUR
Die Gangsterserie spielt in Birmingham, wurde aber zu großen Teilen in Liverpool gedreht. Bei einer Tour geht es zu den Drehorten (www.silverscreen.tours).

ANREISE
Von London aus geht es mit dem Zug mehrmals täglich in 2:30 Std. nach Liverpool. Übersicht und Tickets unter: www.trainline.com.

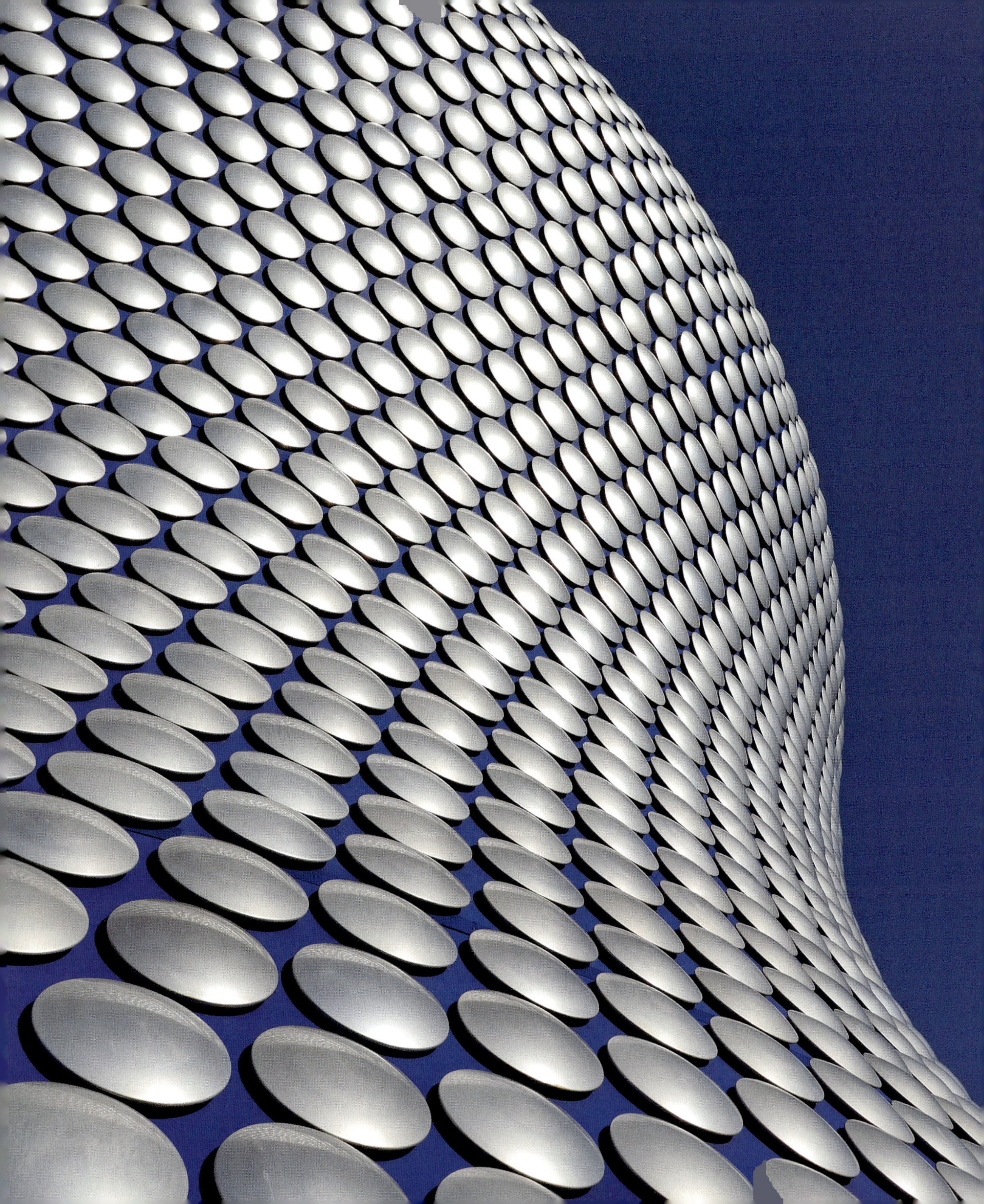

9 Industrie- und Kunststadt Birmingham

Von Heavy Metal bis Schwermetall

Birmingham ist auch als die »Heimat des Heavy Metal« bekannt. In den 1970er-Jahren entstand hier eine einzigartige Musikszene, die maßgeblich die Entwicklung des Heavy Metal beeinflusste. Bands wie Black Sabbath, Judas Priest und Led Zeppelin wurden hier gegründet und prägten den Sound und das Image dieser Musikrichtung.

Für Liebhaber der harten Klänge ist Birmingham der Geburtsort von Bands wie Black Sabbath und Judas Priest, die ihre Karrieren in den Clubs der Stadt begannen, und auch später entstanden hier Metalbands wie Napalm Death. Beim Spaziergang entlang des Gas Street Basin, einem Kanalbecken im Zentrum der Stadt, geht es vorbei an Pubs und unter einigen Brücken entlang. Bereits hier läuft man dem Namen einer der berühmtesten Bands der Stadt über den Weg – an der Black Sabbath Bridge. Dass Birmingham auch heute noch eine Musikstadt ist, zeigt sich in den Konzertlocations. In der O2 Academy Birmingham stehen international bekannte Bands auf der Bühne. Hier gaben sich sogar schon Nirvana oder Oasis die Ehre. Im »The Flapper« rocken Bands aus der lokalen Musikszene und zeigen, dass der Metal noch lange nicht Schnee von gestern ist.

← Die Kaufhauskette Selfridges am Bullring ist zum Wahrzeichen der Stadt geworden – und ein Desktop-Hintergrundbild bei Windows 7 gewesen.

Zwischen Industrie und Street-Art

Metal ist nicht nur in Bezug auf Musik das Stichwort in Birmingham. Als ein führender Produzent von Eisen, Stahl und anderen Metallen sowie von Maschinen und Werkzeugen war Birmingham eine Triebfeder der Industriellen Revolution. Viele der bekanntesten Industriepioniere der damaligen Zeit, wie James Watt und Matthew Boulton, hatten ihre Werkstätten in Birmingham. Das Erbe der industriellen Vergangenheit ist immer noch in der Stadt präsent und kann in Museen, Denkmälern und historischen Gebäuden besichtigt werden.
Einst ein Zentrum von Fabriken und Lagerhäusern,

hat sich Digbeth zu einem kreativen Zentrum mit unabhängigen Geschäften, Kunstgalerien und Street-Art an den Straßen entwickelt. Besucher können die Custard Factory erkunden, ein Komplex aus kreativen Unternehmen, Geschäften und Cafés, untergebracht in ehemaligen Fabriken. Im Laufe des Jahres locken immer wieder Events wie der Digbeth Arts Market und das Birmingham Pride Festival ins Viertel. Für diejenigen, die sich für die industrielle Vergangenheit der Stadt interessieren, bieten die Birmingham Back to Backs, eine Gruppe restaurierter Häuser aus dem 19. Jahrhundert, einen Einblick in das Leben der Arbeiterfamilien der Stadt. Und wer beim Namen von Thomas Shelby hellhörig wird: Die Serie »Peaky Blinders« spielt hier in den Straßen von Digbeth, wenn auch viele der Szenen in echt in Liverpool gedreht wurden.

Im 18. Jahrhundert siedelten sich hier die ersten Schmuckhersteller an, und im 19. Jahrhundert wurde das Viertel zum Epizentrum der britischen Schmuckindustrie. Hier entstanden einige der berühmtesten Schmuckstücke der Welt, einschließlich der Krone von Königin Victoria. Während des Zweiten Weltkriegs wurde das Viertel schwer beschädigt, aber in den 1950er-Jahren wieder aufgebaut, und der Schmuckhandel florierte erneut. Heute gibt es zahlreiche Juweliere und Schmuckge-

Tipp

SCRUFFY MURPHY'S

In diesem Pub geht es meist rockig zu. Auf der Monster Stage treten nicht nur regelmäßig Bands auf, einige namhafte Musiker sitzen auch gerne bei einem Bier an der Theke (www.scruffymurphysrocks.com).

schäfte, in denen man handgefertigte Stücke kaufen kann. Besucher können außerdem eine Tour durch das Museum of the Jewellery Quarter machen, das in einer alten Schmuckfabrik untergebracht ist und einen einzigartigen Einblick in die Arbeitsweise der Juweliere gibt. Hier kann man hautnah erleben, wie der kostbare Schmuck von Hand gefertigt wurde und wie sich die Industrie im Laufe der Jahre verändert hat. Auch der St Paul's Square ist einen Besuch wert – ein wunderschöner, von Bäumen gesäumter Platz mit vielen Pubs, Restaurants und Cafés.
Im Herzen des Jewellery-Viertels befindet sich auch der Key Hill Cemetery, die Ruhestätte für zahlreiche prominente Mitglieder der Gesellschaft Birminghams aus dem 19. Jahrhundert. Der Friedhof wurde im Jahr 1836 gegründet und ist bekannt für seine beeindruckende Architektur und Skulpturen, die das Erbe und die Geschichte der Stadt widerspiegeln. Ein Besuch des Key Hill Cemetery ist eine einzigartige Möglichkeit, in die Vergangenheit Birminghams einzutauchen und gleichzeitig die ruhige und besinnliche Atmosphäre zu genießen.

↑ Im Jewellery-Viertel kann man zumindest Schaufensterbummel zelebrieren.
↙ Birmingham setzt Kontraste: moderne Architektur neben alten Gotteshäusern.

»Es gibt keinen Ort, an dem man besser den Pulsschlag der englischen Industrie fühlen kann als in Birmingham.«

Sir Winston Churchill

Info

ELECTRIC CINEMA
Das Electric Cinema ist ein großartiger Ort, um nach einem anstrengenden Sightseeingtag zu entspannen. 1909 eröffnet, ist es das erste Kino der Stadt und das älteste funktionierende des Landes.

LIBRARY OF BIRMINGHAM
Die Stadtbibliothek am Centenary Square bietet mit einer Dachterrasse einen der besten Blicke auf die Stadt.

SELINA
Das Hotel Selina im Jewellery Quarter befindet sich in einer umgebauten viktorianischen Backsteinfabrik und ist keine zehn Gehminuten vom Bahnhof Birmingham entfernt (www.selina.com).

10 Exklusives Oxford

Wo die Universität das Leben bestimmt

Wer durch Oxford schlendert, tut dies zum Soundtrack der »Harry-Potter«-Filme. Kein Wunder: Hier wurden nicht nur einige Szenen für Hogwarts gedreht, die gesamte Stadt könnte mit ihren Türmchen und Erkern zur Zauberschule gehören.

Spätestens wenn man den Studierenden in ihren schwarzen Festgewändern, den »Gowns«, begegnet, wähnt man sich mitten unter den Zauberlehrlingen. Und das kommt nicht von ungefähr, denn die englischen Universitäten, allen voran Oxford und Cambridge, dienten als Inspiration für das Potter-Universum.
Oxford und Universität, das ist eigentlich kaum zu trennen. Die University of Oxford ist eine der ältesten und renommiertesten Universitäten der Welt. Die Gründung geht auf das 12. Jahrhundert zurück, und bereits im 13. Jahrhundert wurde Oxford zu einem Zentrum der Bildung in ganz Europa. Dabei muss man verstehen, dass es nicht die Universität Oxford mit einem zentralen Hauptgebäude gibt. Vielmehr ist die Universität in Colleges aufgeteilt, und zwar in sage und schreibe 39. Sie alle sind in sich autonom, bilden aber in ihrer Gesamtheit die Universität von Oxford. Unter den Alumni sind etwa die Schriftsteller J. R. R. Tolkien und C. S. Lewis, der Physiker Stephen Hawking und zahlreiche Politiker wie Tony Blair oder Boris Johnson.

Wo sonst harte Prüfungen Voraussetzung für den Besuch der Colleges sind, können Besucher zumindest bei einigen Häusern in die heiligen Hallen und immerhin für kurze Zeit die elitäre Luft der Colleges schnuppern. Ein typisches College besteht aus einem oder mehreren Innenhöfen, dem herrschaftlichen Speisesaal, einer Kapelle, der Bibliothek, einer College-Bar, Gemeinschaftsräumen, Studentenunterkünften und meist Unterkünften für Lehrkräfte. Die Vorlesungen und Prüfungen finden für alle Studierenden in zentralen Gebäuden der Uni statt.

Willkommen in Hogwarts

Das mit Abstand beliebteste College bei Besuchern ist Christ Church. Grund dafür sind nicht nur die Größe und berühmte Absolventen wie Lewis Car-

→ Vorm Turm des Magdalen Colleges singt im Morgengrauen des 1. Mai der Knabenchor. Eine Tradition!

TELEPHONE

roll, sondern vor allem die Tatsache, dass das College als Schauplatz der »Harry Potter«-Filme diente. Auch wenn es genau genommen nur die Treppe ist, die im Film bei der Begrüßungsszene mit Professor McGonagall zu sehen ist, liefert das College jede Menge Hogwarts-Vibes.

Das Magdalen College, ausgesprochen »Modlin«, wurde im Jahr 1458 gegründet. Es gilt als eines der renommiertesten und schönsten Colleges der Universität und liegt direkt am Ufer des Flusses Cherwell. Man kann also nicht nur die Räume wie den Speisesaal und die Kirche bewundern, sondern auch über die großen Ländereien flanieren und dem Trubel auf dem Fluss zuschauen, wo sich Touristen und Studierende beim traditionellen Punting versuchen. Punts ähneln den Stocherkähnen, die unter anderem auch im Spreewald auf dem Wasser unterwegs sind. Mit einem langen Stecken manövriert man das Boot über den Fluss und versucht dabei, weder den Stab zu verlieren noch selbst im Wasser zu landen.

Ebenfalls sehenswert ist das New College. Auch hier wurde für »Harry Potter« gedreht. Um zum Eingang zu kommen, muss man unter der ikonischen »Seufzerbrücke« am Hartford College hindurch und folgt der engen Straße zum recht versteckten Portal.

Eine gute Gelegenheit, ganz kostenlos in die Colleges zu kommen, ist der traditionelle »Choral Evensong«. Mehrmals die Woche finden abends Gottesdienste statt, bei denen auch Besucher willkommen sind. Bei der Abendandacht singt der Knabenchor, und es wird eine kurze Predigt gehalten – und das in ehrfürchtiger Atmosphäre und bei Kerzenschein. Vor allem in den Wintermonaten, wenn es draußen schon dunkel ist, ist der »Evensong« im Magdalen College ein besonderes Erlebnis.

Wem ein kurzer Besuch nicht reicht, der kann sogar in einem College über Nacht bleiben. Außerhalb der Vorlesungszeiten bieten einige Colleges ihre Zimmer für Besucher an. Inklusiv ist auch ein Frühstück im Speisesaal. Noch mehr Infos gibt es unter: www.universityrooms.com.

Bei einer Führung durch die Zentralbibliothek, der Bodleian Library, gewinnt man tiefe Einblicke in die Uni. Spätestens in der Duke Humphrey's Library schlägt jedes Bibliophilen-Herz höher. Natürlich, man muss es kaum erwähnen, wurde hier auch für »Harry Potter« gedreht. Bei der 90-minütigen Tour darf man einen Blick ins Innere der Radcliffe Camera werfen, das Wahrzeichen von Oxford, das sonst ausschließlich den Studierenden vorbehalten ist.

↖ Oxford bietet eine Pralinenschachtel voll an altehrwürdigen Gebäuden.
↗ Die Radcliffe Camera ist das berühmteste Gebäude der Stadt.
← Die Divinity School ist ein Muss für »Harry Potter«-Fans.
← Die ikonischen Telefonzellen gibt es natürlich auch.

Tipp

SCHLAFEN IN GEFÄNGNISZELLEN

Von der Festung ist in Oxford nur noch ein Turm übrig. Hier kann man bei einer Führung auf eine interessante Zeitreise gehen. Nebenan befand sich bis in die 70er das Gefängnis, in den ehemaligen Zellen ist heute ein Luxushotel.

Der runde ikonische Bau ist über unterirdische Gänge mit den restlichen Räumen der Bibliothek verbunden. Wer keine Zeit für eine der Führungen hat, sollte zumindest einen Blick in die Divinity School werfen. Die riesige, reich verzierte gotische Halle wurde unter anderem zum Krankenflügel von Hogwarts umfunktioniert, ist im echten Leben aber ein Raum, in dem Prüfungen abgehalten werden. Nicht nur bei schlechtem Wetter locken die Museen der Stadt. Im Oxford University Museum of Natural History gibt es Dinosaurierskelette, ausgestopfte Tiere und Versteinerungen, doch auch das neogotische Gebäude selbst mit seinen gusseisernen Säulen und dem Glasdach zu bewundern. Direkt angrenzend befindet sich das Pitt Rivers Museum, das einer prallgefüllten Schatzkammer gleicht. Für Kunstfreunde ist das Ashmolean Museum mit asiatischen Skulpturen, Malereien, Keramik und vielem mehr ein Ort zum Verlieben. Das Beste: Der Eintritt in diese Museen ist kostenlos, wie auch für alle anderen öffentlichen Museen Englands.

> »Oxford ist nach wie vor die schönste Stadt Englands.«
>
> *Oscar Wilde*

Zwischen Afternoon Tea und Ale

Wer eine Pause von all dem Kulturprogramm braucht, bleibt gleich im Ashmoleon Museum und gönnt sich einen Afternoon Tea im Café auf der Dachterrasse. Auch das Alice im erstklassigen Randolph Hotel ist eine gute Adresse für typisch englischen Afternoon Tea.
Spätestens am Abend führt jeder Weg in Oxford in eines der Pubs. Deftiges Essen, ein großes Glas perlenden Cider oder englisches Ale – Pubs gibt es in Oxford wie Sand am Meer. Die meisten schauen auf eine lange Geschichte zurück wie das traditionelle, aber frisch renovierte Lamb and Flag, in dem man sich abends auf ein Feierabendbier trifft. An sonnigen Tagen lockt das Victoria Arms am Ufer des Cherwell etwas außerhalb der Stadt mit seiner Außenterrasse oder das The Perch nach einem Spaziergang in der Port Meadow. Absolut Kult ist die Turf Tavern, eines der ältesten Pubs, das etwas versteckt zwischen Holywell Street and Queen's Lane liegt. Die Grundmauern des Hauses gehen auf das Jahr 1381 zurück, und das merkt man auch. Die Wände sind schief, die Decken niedrig – richtig urig.

↗ In den beeindruckenden Speisesälen wird in herrschaftlichem Ambiente diniert.
← Neben prunkvollen Colleges bezaubern kleine jahrhundertealte Häuser.

Info

COVERED MARKET

Schmuck, Hüte, Seifen ... im Covered Market, der seit 1774 existiert, kann man shoppen und noch besser schlemmen. Es gibt einige richtig leckere Restaurants und Imbisse von thailändisch über chinesisch bis typisch englisch.

COWLEY

Wer mehr als das altehrwürdige Oxford sehen will, wagt sich ins südliche ans Zentrum angrenzende bunte Cowley. In der Cowley Road gibt es zahlreiche Restaurants wie das Café Orient mit guter chinesischer Küche, Cafés wie das Peloton Espresso und Bars wie das Brew Dog.

BLENHEIM PALACE

Nördlich von Oxford liegt bei Woodstock der Palast, in dem Winston Churchill geboren wurde. Ein guter Ausflugstipp!

ÜBERNACHTEN

Über Nacht zu bleiben, ist in Oxford nicht günstig. Wer sparen will, bucht sich im easyHotel in Summertown, einem Stadtteil nördlich des Zentrums, ein (www.easyhotel.com).

11 Badevergnügen in Bath

Die Lieblingstherme von Kelten, Römern und Königen

Bath Spa – wer jetzt an Wellness denkt, liegt nicht so falsch. Die Thermalquellen, die hier mollig warm aus dem Erdinneren an die Oberfläche blubbern, lockten schon vor Jahrhunderten Spa-Freunde an den Avon.

Im Städtchen Bath quillt das Wasser mit heißen 46,5 °C und angereichert mit etwa 30 Mineralien aus dem Boden. Zwischen dem 16. und 18. Jahrhundert kam die High Society in die Stadt, um sich im warmen Heilwasser zu räkeln. Doch dem Badespaß widmete man sich in Bath schon viel früher. Die Römer errichteten hier am Fluss Avon das größte Thermalbad jenseits von Rom. Lange bevor die Römer hier 54 n. Chr. die Stadt Aquae Sulis errichteten, wussten die Menschen der Umgebung um die heilenden Quellen. Als einmaliges Naturphänomen in England wurden sie bereits von den Kelten verehrt und der Göttin Sulis geweiht.
Die Römer waren es aber, die mit ihrer Eroberung im Jahr 43 n. Chr. die Badekultur mit nach England brachten. Sie bauten an der Quelle eine komplexe Badeanlage mit Kalt- und Warmwasserbecken, Wasserleitungen und Hypokauste, damit die Legionäre hier ihre geschundenen Körper entspannen konnten. Beim nasskühlen britischen Wetter war das eine gern gesehene Abwechslung vom anstrengenden Alltag. Die Quelle widmeten sie mit einem Tempel ihrer Göttin Sulis Minerva. Das Bad war also nicht nur ein Ort der Körperpflege, sondern diente auch religiösen und sozialen Aspekten – Kontemplation in Perfektion. Als die Römer dann die Stadt wieder verließen, geriet das Thermalbad in Vergessenheit.

Tipp

FASHION MUSEUM BATH

Alle, die sich für Mode begeistern, sollten das Fashion Museum mit Mode vom 16. Jahrhundert bis heute auf dem Schirm haben. Im gleichen Gebäude befinden sich die herrschaftlichen Upper Assembly Rooms, in denen Veranstaltungen stattfinden und die zudem Filmlocation für Ballszenen in »Bridgerton« waren (fashionmuseum.co.uk).

→ **Der Besuch der Römischen Bäder ist nicht günstig, aber wirklich beeindruckend.**

Ab dem 16. Jahrhundert mauserte sich Bath zu einem mondänen Kurbad, in dem man die wärmenden Quellen zu gesundheitlichen und Entspannungszwecken nutzte. Adlige und sogar die Königin kamen, um es sich gutgehen zu lassen. Erst im 19. Jahrhundert stieß man dann bei Restaurationsarbeiten wieder auf die perfekt erhaltene römische Anlage und macht diese im Laufe der Zeit der Öffentlichkeit zugänglich. Baden kann man hier übrigens heute nicht mehr, dennoch ist der Besuch ein richtiges Highlight. Beim Gang vorbei an Wasserbecken, Quelle und dem Minerva-Tempel fühlt man sich, auch durch die multimediale Aufarbeitung, in die Vergangenheit katapultiert.

Ein Bad im heiligen Wasser

Thermalwasser und dann darf man nicht baden? Wer bei all den Infos jetzt aber auch einfach selbst in den Genuss des berühmten Quellwassers kommen will, hat mehrere Möglichkeiten. Eine davon ist es, in einem Wellness-Hotel mit Thermal-Pool abzusteigen. Im The Gainsborough Bath Spa im Zentrum kann man im gehobenen gregorianischen Ambiente im Thermalwasser seine Bahnen drehen. Eine weitere Möglichkeit ist der Besuch im Bath Thermae Spa. Die Krönung: im warmen Thermalwasser auf der Dachterrasse relaxen. Neben einem weiteren Pool mit Thermalwasser im Untergeschoss warten

unter anderem zwei Dampfbäder, eine Sauna, ein Ruheraum mit Sternenhimmel und Massageangebote, die extra gebucht werden können, auf entspannungsfreudige Besucher. Der ganze Spaß ist nicht gerade günstig, macht aber das Spa-Erlebnis in Bath einfach rund. Unbedingt an die Badehose denken, Engländer würden nie auf die Idee kommen, sich nackt in die Sauna zu setzen!

Im 18. Jahrhundert, als Bath seine Hochphase als Kurbad erlebte, wurden viele Prachtbauten in der Stadt errichtet, um die zahlreichen hochkarätigen Gäste samt Dienerschaft unterzubringen. Eines dieser Gebäude ist der Royal Crescent. Heute befindet sich im imposanten Gebäude neben dem Royal Crescent Hotel – übrigens ebenfalls mit Spa-Bereich – ein kleines Juwel für »Bridgerton«-Fans. In der Hausnummer 1 residiert, zumindest bei Netflix, die Familie Featherington. In der Realität gibt ein Museum Einblick in die Wohnräume von Herrschaften und Angestellten im 18. Jahrhundert. Direkt angrenzend ans Royal Crescent liegt der Park, durch den damals die Damen flanierten und der noch heute zum Spazieren einlädt. Auf demselben Areal ist auch der Botanische Garten, außerdem noch Sportplätze und ein Teich mit Booten.

So sehr die Quellen die Stadt prägten und prägen – es gibt noch viel mehr zu entdecken! Beim Bummel durch die Altstadt gibt es immer wieder Gebäude zu bestaunen. Die gotische Abtei im Herzen der Stadt direkt gegenüber des Römischen Bads war ursprünglich ein Benediktinerkloster, wurde aber grundlegend umgebaut. Innen begeistert das wunderschöne Fächergewölbe.

↑ Einige Apartments im Bear Inn haben sogar eine Badewanne im Schlafzimmer.
↙ Der Aufstieg auf den Hügel in Bear Flat lohnt sich für diesen Blick!

Info

ALEXANDRA PARK

Mit seiner Architektur des 18. Jahrhunderts gehört Bath als bauliches Ensemble zum Weltkulturerbe. Um die ganze Pracht zu sehen, lohnt sich der Weg zum Aussichtspunkt Alexandra Park im Viertel Bear Flat.

ÜBERNACHTEN

Ebenfalls in Bear Flat befindet sich das frisch renovierte Bear Inn, ein typisch englisches Pub mit Zimmern in der oberen Etage (www.bearinnbath.com).

OAK RESTAURANT

Das Oak in der Altstadt nennt sich »bestes vegetarisches Restaurant im Vereinigten Königreich«. Nicht günstig, aber wirklich sehr lecker (www.oakrestaurant.co.uk)!

ANREISE

Zwischen dem Londoner Bahnhof Paddington und Bath gibt es eine direkte Zugverbindung mit einer Fahrtzeit von etwa 90 Min.

12 Ribe – älteste Stadt Dänemarks

Mittelalterliche Handelsstadt am Wattenmeer

Ein Kurztrip nach Ribe, den gemütlichen Bilderbuchort, keine 100 Kilometer von Deutschlands Nordgrenze entfernt, lässt sich einfach realisieren. Es lohnt sich, das Wattenmeer zu besuchen oder das Leben der Wikinger kennenzulernen.

Wer heute Ribe besucht, kann sich kaum mehr vorstellen, was für eine bedeutende Rolle die Stadt mit ihrem Hafen im frühen Mittelalter gespielt hatte. Uns präsentiert sich Ribe als charmante Kleinstadt mit vielen kopfsteingepflasterten Gassen und unzähligen Backstein- und Fachwerkhäuschen, die sich dicht aneinanderreihen, sowie jeder Menge kleiner Läden und Geschäfte, samt Restaurants und Cafés. Sie drängen sich um den mächtigen Dom, eine imposante Kirche, die im romanischen Stil erbaut und erst später dem gotischen Zeitgeist angepasst wurde. Im Inneren beeindrucken die mächtigen Pfeiler und das hohe zweifarbig abgesetzte Gewölbe, das in herrlichem Kontrast zum modernen Altar mit seinen Mosaiken steht.

Der gemütliche Rundgang durch die Altstadt, bei dem man auch ab und zu einen Blick in die verwinkelten Innenhöfe werfen sollte, ist eine Reise zurück in die Vergangenheit.

Ausgrabungen belegen, dass die Stadt bereits um das Jahr 700 n. Chr. auf der Nordseite vom Fluss Ribe Å entstand. Der Ortsname Ripa (Ribe) taucht erst 150 Jahre später in der um 870 verfassten Lebensbeschreibung des Missionars Ansgar von Bremen auf. Der schiffbare Fluss ist die Voraussetzung für die Gründung einer Siedlung gewesen. Bereits im Mittelalter war damit der Zugang zur Nordsee möglich, ohne dass man direkt an der Küste den Naturgewalten des Meeres ausgesetzt war. Der Hafen und die fast 200 Meter lange Handelsstraße lagen gut gesichert ein Stück weit im Landesinneren. Schon im frühen Mittelalter betrieben Händler und Handwerker dort ihre Geschäfte. Archäologische Abfallfundstücke zeigen, dass Textilien und Leder, Horn, Bein, Glas, Bernstein und Bronze verarbeitet wurden. Zudem lassen sich importierte Waren, darunter Trinkgläser, Wetzsteine, Mahlsteine, Walknochen, Bergkristall, Schmuck und Keramik, nachweisen, die deutlich machen, dass der Handel nicht nur mit den nahe liegenden skandinavischen Ländern, sondern auch mit weiter entfernten Regionen und Ländern wie dem heutigen England oder Spanien betrieben wurde.

Heute schaukeln nur noch ein paar Fischerboote und Privatschiffe im Flusshafen, und statt einer turbulenten Handelsstadt findet man bloß ein paar Touristen, die dem beschaulichen und zauberhaften Flair der Stadt erliegen.

Neben der Altstadt ist das Ribe VikingeCenter, ein Freilichtmuseum, das das Leben der Wikinger zeigt, die Hauptattraktion von Ribe. In einem rekonstruierten Wikingerdorf bei Workshops und vielen Festen kann man in das Leben der Wikingerzeit eintauchen. Mitmachen ist ausdrücklich erwünscht.

← Auch abseits des Hauptplatzes finden sich malerische Häuser in den verwinkelten Gassen.

Info

UNESCO-WELTERBE

Vor den Toren Ribes liegt das Wattenmeer, das zum UNESCO-Welterbe gehört. Auch eine Zusatztour zu den Inseln Mandø und Rømø ist einzigartig. Mit etwas Glück kann man sogar Robben sehen. Im Vadehavscentret, dem Wattenmeerzentrum (www.vadehavscentret.dk) an der Küste, gibt es dazu viele Infos und auch spannende Erlebnistouren.

RADTOUR

Um das 2 km südlich der Stadt gelegenen Ribe VikingeCenter oder das 10 km entfernte Wattenmeerzentrum zu besuchen, kann man sich bei Danhostel Ribe (www.danhostel-ribe.dk) ein Fahrrad ausleihen. Es gibt tolle Radwege dorthin.

ANREISE

Ribe besitzt einen Bahnhof, der z. B. von Flensburg alle 2 Std. angesteuert wird.

www.vadehavskysten.de

Die Ribe Å ist ein 17 bis 20 Kilometer langer Wasserlauf im dänischen Südjütland, der schließlich im Wattenmeer mündet.

KOLVI
Fuglsang

13 Enkhuizen – denkmalreiche Stadt am IJsselmeer

Historische Entdeckungsreise mit maritimem Flair

Enkhuizen und das IJsselmeer sind eng miteinander verbunden. Die Hafenstadt war im 17. Jahrhundert eine Großstadt. Viele wunderschöne Denkmäler und Bauten haben sich erhalten und bilden einen überaus pittoresken Stadtkern.

Am heutigen IJsselmeer gelegen, gab es bei Enkhuizen bereits um 1000 eine erste Siedlung. 1355 erhielt der Ort das Stadtrecht, und der Aufschwung begann. Damals war das IJsselmeer noch die Zuiderzee, ein Meeresarm der Nordsee. Erst durch den Bau des Abschlussdeichs im 20. Jahrhundert wurde aus der Zuiderzee das IJsselmeer.

Enkhuizen hatte damit über viele Jahrhunderte direkten Zugang zur Nordsee, lag aber geschützt auf der Innenseite der Bucht. Das waren beste Voraussetzungen für einen sicheren und erfolgreichen Hafen, von dem aus man Handel mit der ganzen Welt betreiben konnte. Der Ort entwickelte sich zu einem wichtigen Zentrum der Heringsfischerei. Um 1600 stachen mehr als die Hälfte aller holländischen Heringsfangschiffe von Enkhuizen aus in See. Als 1603 die Vereenigde Oostindische Compagnie, kurz VOC oder Niederländische Ostindien-Kompanie, gegründet wurde, war auch Enkhuizen, zumindest mit einem Delegierten, daran beteiligt. Das Goldene Zeitalter der Niederlande begann, und auch Enkhuizen profitierte davon. 1652 zählte der Ort mehr als 25.000 Einwohner und galt für die damaligen Verhältnisse als Großstadt.

Heute leben weniger als 20.000 Menschen in der Stadt, trotzdem ist sie quirlig und voller Leben. Die Ära des Goldenen Zeitalters ist noch immer überall zu spüren. Dafür sorgen die vielen Sehenswürdigkeiten, das geschlossene historische Stadtbild, die Kanäle, Grachten und kleineren Häfen. Zwischen dem Buitenhaven und dem Oude Haven steht der mächtige Drommedaristoren, ein Turm von 1540, der den Hafen bewachte. Der Besuch des Hafens ist ein absolutes Muss. Von alten Lagerhäusern umgeben liegen zahlreiche, zum Teil historische Segelschiffe am Kai. Cafés und Bars laden ein, die maritime Atmosphäre zu genießen. Dann geht es entlang der von Bäumen gesäumten Grachten in die Innenstadt zur Zuiderkerk aus dem 15. Jahrhundert oder

↑ Hinter dem Alten Hafen von Enkhuizen blitzt der große Drommedaristoren hervor.

zum Stadthuis, dem Rathaus, das einem kleinen Schlösschen gleicht. Dazu kommen noch viele denkmalgeschützte historische Gebäude, die oft durch die Backsteingotik geprägt sind.
Besonders beindruckend ist die Lage der Stadt. Während im Osten die offene Wasserfläche des IJsselmeeres eine atemberaubende Weite bietet, ist die Stadt im Westen von einem Wall und Wassergraben umgeben.
So fühlen sich Fans des Wassersports in Enkhuizen wohl, auch Naturliebhaber haben entlang des IJsselmeers viel zu entdecken.

Info

ZUIDERZEEMUSEUM

Direkt in der Stadt befindet sich das Zuiderzeemuseum. Das Freilichtmuseum zeigt das Leben und die Kultur der Menschen, die entlang der ehemaligen Zuiderzee, dem heutigen IJsselmeer, lebten. Historische Gebäude, alte Handwerkskünste und Schifffahrtstraditionen geben faszinierende Einblicke in die Vergangenheit dieser Region.

RADTOUR

Ein Klassiker unter den Radtouren in Holland ist die mehrtägige Umrundung des IJsselmeeres. Dabei erlebt man viele Städte, darunter Enkhuizen, völlig entspannt und obendrein ökologisch nachhaltig auf zwei Rädern.

ANREISE

Enkhuizen besitzt einen Bahnhof, der regelmäßig von Amsterdam aus angefahren wird.

www.visitenkhuizen.nl

KWAKELBRUG

14 Edam – was für ein Käse!

Hollands Exportschlager an seinem Ursprungsort

Nicht nur Weinsorten sind nach den Orten ihrer Herkunft benannt. Das gilt auch für Käse. Und so kennt eigentlich jeder den goldgelben kugelrunden Edamer Käse mit seinem milden Geschmack. Er stammt aus dem kleinen Städtchen Edam in der Provinz Nordholland.

Der Edamer gehört sicherlich zu den bekanntesten Käsesorten der Welt und steht dem Gouda, einem anderen holländischen Traditionskäse, in nichts nach. Obwohl der Edamer ursprünglich aus Holland stammt, wird er heute auch in vielen Teilen der Erde, darunter in Deutschland oder den USA, hergestellt. Die Holländer haben es nicht versäumt, sich den Begriff »Edamer« schützen zu lassen, vielmehr ist dieser Käse bereits vor der Gründung des Markenschutzes 1882 auch in anderen Ländern produziert worden.

Trotzdem wollen Käseliebhaber aus der ganzen Welt genau den Ort besuchen, wo der Siegeszug der schmackhaften, runden Käselaibe seinen Anfang nahm.

Die Gemeinde Edam, zu der heute auch der Küstenort Volendam gehört, liegt etwa 20 Kilometer nördlich von Amsterdam an der Ostküste des Markermeeres, das sich an das IJsselmeer anschließt. Grundsätzlich hatte der Name des Städtchens Edam nichts mit Käse zu tun. Vielmehr gab es einen Damm, durch den das Flüsschen »Ee« (auch »IJe«) aufgestaut wurde. Daraus wurde schließlich Edam,

← Edams Kwakelbrug verbindet den Kwakelsteeg mit der Doelenstraat, die zur Altstadt führt.

Tipp

MEHR MEER

Auch Volendam, das heute zusammen mit Edam eine Gemeinde bildet, ist einen Abstecher wert. Direkt am Markermeer gelegen, reihen sich hier bunte Fischerhäuschen entlang der Hafenstraße. Malerisch schaukeln Segeljachten und bunte Fischerboote im kleinen Hafen. Der Ort ist stark touristisch geprägt, viele Cafés, Restaurants und Imbissbuden warten auf Gäste, darunter jede Menge Radfahrer, die rund um das IJsselmeer radeln.

ein kleiner Ort, der bereits 1230 das erste Mal urkundlich erwähnt wurde. Auf den Wiesen rund um Edam wächst saftiges grünes Gras, das sich die Milchkühe, die den wertvollen Rohstoff für den Käse liefern, schmecken lassen. Wenn man jedoch ehrlich ist, weiden natürlich in ganz Holland viele Kühe. So darf man sich nicht wundern, dass das Land weltweit zu den größten Käseproduzenten zählt. Der Export ihres gelben Goldes macht einen großen Anteil der niederländischen Wirtschaft aus.

»Was den Käse angeht, waren die Dichter zu allen Zeiten sehr schweigsam.«

Gilbert Keith Chesterton

Antje, Klompen und ein Käsemarkt

Das Städtchen Edam blickt dabei auf eine lange Geschichte zurück. Bereits im Mittelalter wurde hier Käse hergestellt. Um ihn länger haltbar zu machen, überzog man ihn schon vor mehr als 500 Jahren mit einer Wachsschicht, und das ist bis heute so geblieben. Die Holländer selbst kaufen ihren Edamer meistens mit naturbelassener gelber Rinde. Der Exportkäse wird mit verschiedenfarbigen Wachsschichten konserviert. Gelbe und rote Kugeln sind der Verkaufsschlager und stehen für jungen milden Käse, schwarz überzogene Laibe enthalten länger gereiften, würzigen Edamer, und in den grünen Kugeln sind meist weitere Zutaten wie Kräuter, Knoblauch oder Pesto enthalten.

Um die Qualität des Edamer Käses zu prüfen und den Käsehandel besser zu organisieren, entstand 1773 der Käsemarkt von Edam an einer großen Waage am Jan van Nieuwenhuizenplein, dem Marktplatz im Ort. Die Bauern der Umgebung brachten ihren Käse mit Booten zum Entladekai. Käseträger schulterten die schweren Laibe auf Holzgestelle und trugen sie zum Markt. Dort wurde dann fleißig verhandelt, gewogen und per Kilo bezahlt.

Den echten Käsemarkt gibt es natürlich nicht mehr. Dennoch zeigen die Edamer im Sommer gerne, wie der Handel früher wohl ausgesehen hat. Jeden Mittwoch im Juli und August findet der Käsemarkt von Edam auf dem historischen Platz an der Waage statt. Ein beliebtes Ereignis, das Kultur und Genuss verbindet. Traditionell gekleidete Käseträger mit Holzschuhen, den Klompen, stellen im Laufschritt die riesigen Käselaibe auf ihren farbigen Bahren zur Schau. Stolz wird der Käse präsentiert, gewogen und gehandelt. Und natürlich serviert eine Frau Antje, die traditionsreiche Werbefrau des holländischen Käses, ein paar Kostproben. Das Ganze ist ein unterhaltsames Schauspiel, das die jahrhundertealte Tradition des Käsehandels zum Leben erweckt.

↗ Die Käselaibe unterscheiden sich nach Größe, Geschmack und Reifegrad.
← Im Laufschritt präsentiert die Käsetr);gergilde den Käse am Edamer Käsemarkt.

Für Käseliebhaber ist danach ein Besuch einer Käserei ein absolutes Muss. Am Jacobs Hoeve, einem Erlebnisbauernhof des Käseproduzenten Henri Willig (www.henriwillig.com), kann man den Käseherstellungsprozess hautnah erleben und alles über die Geheimnisse seiner Produktion erfahren.
Aber neben dem Käse gibt es in Edam noch einiges mehr zu entdecken. Die Stadt ist bekannt für ihre gut erhaltenen Grachtenhäuser aus dem 17. Jahrhundert, die an den malerischen Kanälen stehen. Ein Spaziergang entlang dieser Grachten leitet uns über Brücken, durch verwinkelte Gassen und lässt uns in idyllische Gärten blicken. Es ist also doch nicht alles Käse in der Stadt!

Info

ALKMAAR, GOUDA UND HOORN

In Holland gibt es noch mehr Käsemärkte. Auch wenn sie heute vorwiegend eine Touristenattraktion sind, laufen sie noch immer nach historischen Regeln ab. Mit von der Partie: die Mitglieder der Käseträgergilde, Setzer (niederländisch: zetters), Wiegemeister (niederländisch: waagmeester) und Beamte, die das Wiegen beaufsichtigen.

KÄSKÖPPE & CO

Fast 7 kg Käse im Jahr verspeist ein Holländer durchschnittlich. Da wundert einen der Spitzname »Käsköppe« auch nicht mehr. Ob jedoch das gelbe Autonummernschild ebenfalls auf den Käse zurückzuführen ist, bleibt wohl ein Gerücht.

ANREISE

Edam ist von Amsterdam mit dem Bus erreichbar, man kann die ca. 25 km lange Strecke auch mit dem Fahrrad über das Dorf Monnickendam zurücklegen.

www.holland.com

Das smaragdgrüne Wasser der Soča, frisch und eiskalt den Julischen Alpen entsprungen, fließt durchs Trenta-Tal nach Bovec, der Outdoor-Hochburg Sloweniens.

Osten

Streifzüge durch fast unentdeckte Städte

15 Aufrührerisches Wrocław / Breslau

Auf den Spuren der Zwerge

Stare Miasto, die Breslauer Altstadt, hat alles, was man sich für einen schönen Altstadtbummel ausmalen würde: bunte Fassaden, verzierte Giebel, Kopfsteinpflaster. Brunnen plätschern, auf Tischen der Cafés klappern die Löffel in den Eisbechern.

Vom zentralen Marktplatz, dem Rynek, geht es zum opulenten Rathaus im gotischen Stil, vorbei an alten Kirchen wie der Elisabethkirche und Bürgerhäusern wie die durch ein Bogentor verbundenen Nachbarhäuser »Hänsel und Gretel« aus dem 15. Jahrhundert. Rund 60 der liebevoll sanierten Bürgerhäuser stehen allein rund um den Marktplatz. Man kann sich in der Pracht der Häuser und Details verlieren. Es kann bei all dem Input ein wenig dauern, aber irgendwann fallen sie einem zwangsläufig ins Auge – die ganz besonderen Bewohner Breslaus.

Tipp

JÜDISCHER FRIEDHOF

Der Alte Jüdische Friedhof blieb nach dem Zweiten Weltkrieg für ungefähr 40 Jahre unberührt und hat sich eine verwunschene Atmosphäre erhalten. Bei all den geschichtsträchtigen Orten der Stadt spürt man hier das Vorkriegs-Breslau vielleicht am besten (www.muzeum.miejskie.wroclaw.pl).

Kleine Bewohner ganz groß

Er hat die Arme hinter dem Rücken verschränkt, seine Augen sind geschlossen, genauso der breite, zu einem schmalen Lächeln geformte Mund. Auf dem Kopf sitzt nur angedeutet eine spitz zulaufende Mütze. Papa Zwerg, der 2001 in der Ulica Świdnicka erschienen ist, ist die erste aber nur eine von vielen Zwergenfiguren in der Stadt. Wie viele es genau

→ Die restaurierte Altstadt strahlt mit bunten und prächtig verzierten Fassaden.

sind, darüber kursieren die wildesten Zahlen, aber es sind einige. Hier, auf einer der wichtigsten Breslauer Promenaden, wo Papa Zwerg steht, fanden oft Happenings der sogenannten »Orangen Alternative« statt, die die Existenz der kleinen Bewohner erklärt. Die polnische Künstlergruppe und Oppositionsbewegung machte in den 80er-Jahren mit friedlichen politischen Aktionen gegen das kommunistische Regime auf sich aufmerksam. Neben der Solidarność-Bewegung in Danzig war Breslau eines der Zentren des antikommunistischen Protests. Mal waren es Zwergen-Graffitis in Orange als Antwort auf das kommunistische Rot, mal Protestveranstaltungen mit Zwergenmützen – ein echter Zwergenaufstand eben. Und die Regierung? Die ließ die Gruppe gewähren, denn ein Vorgehen gegen Zwerge hätte dann doch irgendwie komisch ausgesehen. Die Verbindung der Stadt Breslau mit den kleinen Gnome geht aber durchaus weiter zurück in die Vergangenheit. Der Legende nach halfen die Zwerge einst den ersten Siedlern bei der Stadtgründung.

»Ein Spaziergang durch Breslau ist wie eine Reise durch die Geschichte.«

Johann Wolfgang von Goethe

Die Dominsel heißt wegen des Doms so, eine Insel ist sie strenggenommen, seit ein Arm der Oder im 19. Jahrhundert zugeschüttet wurde, aber nicht mehr. Über die Brücke geht es in den ältesten Teil von Breslau, wo neben dem gotischen Dom noch einige weitere Kirchen auf Besucher warten. In frühere Zeiten zurückversetzt fühlt man sich spätestens bei Einbruch der Dämmerung, wenn der Laternenmann kommt und die Gaslaternen der gesamten Dominsel per Hand entzündet.

Die Geschichte Breslaus ist lang und vielfältig. Im Geschichtszentrum Zajezdnia dreht sich alles um die Nachkriegsgeschichte ab 1945. Wer jetzt an ein vielleicht eher trockenes Museum denkt, liegt falsch. Das Museum im alten Busdepot ist interaktiv und multimedial.

Eine Studentenstadt zum Verlieben

Jeder Fünfte der über 600.000 in Breslau lebenden Menschen studiert hier. Es gibt elf staatliche Hochschulen und Dutzende private. Und das macht sich auch im Flair der Stadt bemerkbar. In den vielen Kneipen geht es international und jung zu. Doch bevor gefeiert wird, widmen wir uns dem Ort der Lehre. Das im Stil des Barock gebaute Hauptgebäude der Universität im nördlichen Teil der Stadt ist ein absoluter Hingucker. Aber auch der Blick von oben ist nicht ohne. Nach dem Aufstieg auf den Mathematischen Turm hat man von der Turmterrasse eine schöne Sicht über die Dächer der Stadt. Das hohe Gebäude ist Teil des Universitätsmuseums, zu dem auch die Aula Leopoldina und das Oratorium Marianum gehören.
Studentisch geht es auch in Nadodrze zu. Früher ein Ort, den man besser gemieden hat, ist hier in den letzten Jahren ein hippes Viertel entstanden. Street-

↑ Die putzigen Zwerge sind überall zu finden.
↙ Die Altstadt zählt zu den schönsten Europas. Hingucker: die Häuser »Hänsel und Gretel«.

Art, coole Cafés und Kneipen locken vor allem junge Menschen hierher. Beim Urban-Art-Spaziergang Augen offenhalten! Es lassen sich überall noch viele deutsche Spuren entdecken.
Wenn es dunkel ist, ziehen die Lichter der Neonreklamen im Hinterhof der Ruska 46c im Herzen des Vier-Tempel-Viertels Feierfreudige wie Motten an. Die vielen Reklamen der Neon Side Galerie stammen aus einer privaten Sammlung; mit der Firma Reklama, die hier jahrelang Leuchtwerbung herstellte, hat die Sammlung nur indirekt etwas zu tun.

Info

STRANDBAR

Die ZaZoo Beach Bar ist definitiv eine der beliebtesten Strandbars in Breslau – man könnte vom Pionier der Szene sprechen. Diese ist wunderschön gelegen und von Wasser umgeben. Wer sich ein Kajak aus der Stadt mietet, kann ihr hier sogar direkt vom Wasser aus anlegen. (www.facebook.com/ZaZooBeachBar)

HALA STULECIA

Die Jahrhunderthalle von Breslau ist UNESCO-Weltkulturerbe. Hier finden kulturelle Veranstaltungen wie Konzerte, Konferenzen und Ausstellungen statt (www.halastulecia.pl).

GESCHICHTSPFAD

Auf diesem Weg erläuft man die 20 wichtigsten Ereignisse der Stadt. Er beginnt am Plac Nankiera, einem Platz in der Altstadt.

ANREISE

Mit dem Zug reist man ab Berlin in rd. 5 Std. mit einem Umstieg an.

16 Krumau – an der Moldauschleife

Märchenhaftes südböhmisches UNESCO-Welterbe

Bei einem Blick über die Moldau hinauf zum Krumauer Schloss schleicht sich die Titelmelodie aus »Drei Nüsse für Aschenbrödel« in unsere Köpfe. Der Besuch der Stadt gleicht einem Sprung in die Kulisse eines tschechischen Märchenfilms, wie er schöner und kitschiger nicht gedreht sein könnte.

Krumau, oder Český Krumlov, wie es auf Tschechisch heißt, ist eine charmante Kleinstadt, die für ihre bezaubernde Architektur, ihre reiche Geschichte und ihr kulturelles Erbe bekannt ist. Sie schmiegt sich eng an das Ufer der Moldau, die hier eine große Schleife zieht. Umgeben von dichten Wäldern – der Nationalpark Šumava liegt ganz in der Nähe – ist sie auch ein guter Ausgangspunkt für zahlreiche Outdoor-Aktivitäten wie Wandern, Radfahren und Kanutouren.

Die Stadt wurde im 13. Jahrhundert unterhalb der Krumauer Burg gegründet. Die steht erhaben und imposant auf dem felsigen Steilufer über dem Fluss und wurde im Lauf der Jahrhunderte immer wieder umgebaut. Heute ist sie ein prächtiges Schloss in einem riesengroßen Areal und zählt zu den größten Schlössern Europas. Seine Geschichte und die der Stadt ist eng mit dem Adelsgeschlecht der Rosenberger verbunden, die über 300 Jahre hier residierten, bis sie 1871 nach Schloss Frauenberg umzogen.

Von der Burg zur Moldauschleife

So ist auch die Burg der beste Ausgangspunkt für die Besichtigung Krumaus. Das riesige Gelände ist für jedermann frei zugängig, Eintritt zahlt man nur für die Innenräume und für den Aufstieg auf den Schlossturm. Zur Schlossanlage gehören jede Menge Innenhöfe, der weitläufige barocke Schlossgarten und die beeindruckende mehrstöckige Mantelbrücke. Die Fotokamera braucht man bei einem Spaziergang durch das Schlossareal nicht wegzupacken. Immer wieder ergeben sich zahlreiche Ausblicke von oben auf die Altstadt und die Moldau-Schleife, einfach perfekte Motive.

Geradezu kitschig wirkt das verwinkelte rote Dächermeer. Seit 1992 steht die ganze Stadt unter dem Schutz des UNESCO-Weltkulturerbes. Ausschlaggebend war die intakte historische Bausubstanz der vielen Häuer sowie ihre perfekt erhaltene mittelalterliche Straßenführung. Bis 1918 lebten vor allem Deutschböhmen in der Stadt. Mit der Gründung der Tschechoslowakei änderte sich das. Auch wenn das Gebiet unter Hitler noch einmal eingedeutscht wurde, musste nach dem Ende des Zweiten Weltkriegs die deutsch-böhmische Bevölkerung das Gebiet verlassen. Das Handwerk und die Wirtschaft brachen damit fast ganz zusammen, und über viele Jahr-

← Schon Egon Schiele verewigte das Krumauer Dächermeer in seinen Gemälden.
↗ Die Moldau sieht ganz harmlos aus, aber gleich nach dem ehemaligen Jesuitenkloster folgt ein Wehr.

Tipp

RADTOUR AUF DEN SPUREN VON ADALBERT STIFTER

Von Krumau aus kann man sich auf eine Radtour durch den Böhmerwald begeben. Rund 30 km sind es z. B. über Kájov, einen der ältesten Wallfahrtsorte Tschechiens, nach Horní Planá zum Geburtshaus von Adalbert Stifter, das heute am Lipno Stausee liegt. Mit einer Südschleife über Hořice geht es dann weitere 30 km zurück, oder man steigt in den Zug und lässt sich von ihm bequem kutschieren.

zehnte verfiel die Stadt in einen Dornröschenschlaf. Geld für Modernisierungen, Umbauten oder Renovierungen war schlicht und einfach nicht vorhanden. Aus heutiger Sicht war dies das größte Glück, das Krumau passieren konnte. Den Wert dieses einzigartigen historischen Erbes erkannte man schon 1963 und stellte die komplette Stadt unter Denkmalschutz. Aber erst nach dem Zusammenbruch der kommunistischen Diktatur begann man in Krumau damit, die bis zu 500 Jahre alten Gebäude behutsam zu renovieren.

Heute wirkt die ganze Stadt wie die Kulisse aus einer der typischen tschechischen Märchenfilmproduktionen. Zugegebenermaßen wurde gerade der Film »Drei Nüsse für Aschenbrödel« nicht hier gedreht, was dem märchenhaften Eindruck von Krumau aber keinen Abbruch tut.

So gibt es nichts Schöneres, als sich in Krumaus Gassen zu verlieren. Treppauf und treppab geht es über das Kopfsteinpflaster, überall begegnen uns wunderschöne Renaissance- und Barockfassaden mit raffiniert verzierten Dachgiebeln.

Die Stadt ist jedoch so klitzeklein, dass man schließlich und endlich immer wieder auf der kleinen Halbinsel in der Moldau am quadratischen Hauptplatz, dem náměstí Svornosti (Marktplatz der Eintracht) landet. Von dort ist es nur noch ein Katzensprung bis zur St.-Veit-Kirche mit ihrem spitzen Turm. Zum Abschluss eines Stadtbesuchs darf man sich viel Zeit in einem der Cafés oder Restaurants an der Moldauschleife nehmen. Während man sich ein Bier der lokalen Brauerei Eggenberg gönnt und dabei ist, sich in die böhmische Küche mit ihren Knödeln und Mehlspeisen zu verlieben, kann man die vielen Kanufahrer beobachten, die Wehre passieren oder an Land gehen, um kurz drauf ihre Fahrt mitten durch die Altstadt fortzusetzen.

»Gott war guter Laune. Geizen ist doch wohl nicht seine Art; und er lächelte: da ward Böhmen, reich an tausend Reizen.«

Rainer Maria Rilke

↗ Viele Restaurants in den Gassen laden dazu ein, die böhmische Küche kennenzulernen.
← Mächtig und prächtig präsentiert sich der Schlossturm.

Info

EGON SCHIELE

Die Stadt beheimatet einige Museen, darunter das Egon Schiele Art Centrum, das dem österreichischen Künstler gewidmet ist, der eine Zeit lang in Krumau lebte und die Stadt auch mehrfach auf Leinwand verewigt hatte.

AKTIV

Es macht riesig Spaß, Krumau auch vom Wasser aus mit einem Boot oder einem Kanu zu erkunden. Startplatz ist meist am südlichen Stadtrand in Nové Spolí, und dann geht es mit viel Aussicht auf den Schleifen der Moldau dahin. Es gibt mehrere Anbieter dafür in der Stadt.

ANREISE

Krumau ist mit dem Zug am einfachsten über Budweis (22 km entfernt) zu erreichen. Es gibt aber auch Busse, die die Stadt z. B. aus dem nur 70 km entfernten österreichischen Linz ansteuern. Weitere Busverbindungen gibt es nach Salzburg und Wien.
www.ckrumlov.info

17 Bratislava – der Charme der Donaumetropole

Europas unentdeckte Großstadtperle

Die Hauptstadt der Slowakei fasziniert allein schon durch ihre malerische Lage an der Donau. Aber das pulsierende Flair einer Metropole sucht man hier vergebens, stattdessen ist die Altstadt klein und unglaublich romantisch.

Bratislava ist eine der unentdeckten Großstadtperlen Europas. Die meisten Reisenden bleiben im weltbekannten Wien hängen. Doch die Hauptstadt der Slowakei, die nur eine Stunde Bahnfahrt von Wien entfernt liegt, verdient es, entdeckt zu werden. Keinesfalls sollte man jedoch Bratislava als Vorort Wiens betrachten! Vielmehr bietet die Stadt mit ihrer faszinierenden Geschichte, ihrer beeindruckenden Architektur und ihrem kulturellen Leben Besuchern jede Menge Neues, und das abseits der großen Touristenströme. Bratislava blickt auf eine bewegte und lange Geschichte zurück. Der Ursprung der Stadt war eine keltische Siedlung. Später wurde das Gebiet von den Römern erobert und damit ein Teil der römischen Provinz Pannonien. Mitten durch die heutige Stadt verlief der Donaulimes. Durch ihre Lage an der Donau war Bratislava schon immer ein wichtiger Verkehrsknotenpunkt für Handel und Wirtschaft. Über viele Jahrhunderte hinweg wurde das Gebiet von

← Aussicht von der Burg auf die Altstadt mit dem Martinsdom, der Krönungskirche der ungarischen Könige in den Jahren 1563 bis 1830, sowie dem modernen Wirtschaftszentrum Bratislavas.

Tipp

»ČUMIL« UND DER »SCHÖNE NÁCI«

Beim Rundgang durch die Stadt stößt man auf zahlreiche moderne Skulpturen, hinter denen sich einige Geschichten verbergen. Dazu zählt die Figur des »Čumil«, eines neugierigen Kanalarbeiters, der aus einem Gullydeckel heraus die Menschen beobachtet, oder der »Schöne Náci«, mit echtem Namen Ignác Lámár (1897–1967), einst stadtbekannter, aber liebenswerter Sonderling.

verschiedenen Stämmen und Völkern kontrolliert. Im 10. Jahrhundert entwickelte sich die Siedlung zu einer bedeutenden Festung namens »Brezalauspurc«, die zum Königreich Ungarn gehörte. Nach dem deutschen Sieg über die Ungarn in der Schlacht auf dem Lechfeld 955 setzte eine deutsche Besiedelung ein, die Stadt hieß »Pressburg« oder auf Ungarisch »Pozsony«. Im ausgehenden Mittelalter und mit der Verleihung des Stadtrechts wurde Pressburg ein wichtiges Handelszentrum und erlebte einen kolossalen wirtschaftlichen und kulturellen Aufschwung. Zwischen 1536 und 1830 wurde der Ort zur Krönungsstadt des Königreichs Ungarn, das von den Habsburgern regiert wurde. Die Krönungszeremonien fanden im Martinsdom statt, der noch heute eine der bekanntesten Sehenswürdigkeiten der Stadt ist.
Nach dem Ersten Weltkrieg und dem Zusammenbruch der Habsburgermonarchie wurde die Stadt Teil der neu gegründeten Tschechoslowakei und aus Pressburg der Name Bratislava. Erst mit dem Ende der kommunistischen Diktatur 1989 wurde Bratislava Hauptstadt der unabhängigen Slowakei, wobei heute ihr früherer Name Pressburg parallel dazu wieder verwendet werden darf.

»OMNE REGNUM IN SE IPSUM DIVISUM DESOLABITUR«

Zitat am Michaelertor

Bummel durch die Altstadt

Eine Stadterkundung absolviert man am besten zu Fuß, denn die Altstadt ist überschaubar klein. Sie liegt nördlich der Donau und wird von der großen

weißen Burg Bratislava dominiert, die auf dem alten Hochufer der Donau thront. Der Platz vor dem Haupteingang bietet einen herrlichen Blick auf die Altstadt mit ihren vielen Kirchtürmen. Unter uns fließt als silbernes Band die Donau, auf der vereinzelte Frachter und Flusskreuzfahrtschiffe vorüberziehen. Im Süden hingegen blickt man auf die moderne Skyline, mit dem »UFO«, eigentlich Most SNP, einer futuristischen Aussichtsplattform, die gleichzeitig Brückenpfeiler und Restaurant ist.
Die Burg hingegen, die im 19. Jahrhundert fast gänzlich abbrannte und erst 1968 wieder aufgebaut wurde, beherbergt heute das Slowakische Nationalmuseum mit zahlreichen Ausstellungen zur Geschichte und Kultur der Slowakei. Sie ist das weithin sichtbare Wahrzeichen der Stadt, man kann sie gegen Eintritt besichtigen. Der Innenhof sowie der große Barock-Rosengarten auf der Nordseite der Anlage sind frei zugänglich.
Anschließend steigen wir wieder hinunter zur Altstadt und betreten sie durch die Lücke in der mächtigen Stadtmauer an der Martinskirche. Hier fanden die ungarischen Krönungsfeierlichkeiten statt. Es lohnt sich, einen Blick in ihr Inneres zu werfen. Danach gilt es, sich durch die malerischen verwinkelten Gassen treiben zu lassen. Prachtvolle Bauten umsäumen Plätze, aber zum Glück sind nicht alle Winkel übersaniert, und so versprüht die ganze Stadt einen herrlichen, aus der Zeit gefallenen Charme.
Auf keinen Fall versäumen sollte man das Michaelertor und die etwas abseits gelegene Kirche St. Elisabeth, die wegen ihrer Farbe auch unter dem Namen »Blaue Kirche« bekannt ist.
Zum krönenden Abschluss besuchen wir eines der historischen Kaffeehäuser. Wie im nahen Wien setzt sich hier die Café-Tradition aus der k. u. k.-Monarchie fort, mit gutem Kaffee, süßer heißer Schokolade und feinstem Gebäck – darunter den traditionellen »Bratislavaer Kipfeln« oder dem »Trdelník«, einer feinen Hefeteigrolle, die einem Baumstriezel ähnelt.

↑ Man muss schon etwas aufpassen, um nicht über den »Čumil« zu stolpern.
↙ Der Barockgarten der Burg Bratislava geizt nicht mit Größe, am schönsten ist er zur Rosenblüte im Juni.

Info

GAUMENSCHMAUS

Die slowakische Küche ist reich an traditionellen Gerichten. Unbedingt kosten sollte man »Bryndzové halušky« (»Brimsennockerl«), ein Gericht aus Kartoffelknödeln mit Schafskäse (Brimsen) und Speck. Dazu passt ein Glas lokaler Wein.

FAKTEN

Mit etwas mehr als 400.000 Einwohnern zählt Bratislava zu den kleinen Hauptstädten Europas. Sie besitzt noch eine Besonderheit: Sie ist die einzige Hauptstadt der Welt, die an mehr als einen Nachbarstaat grenzt, nämlich Österreich und Ungarn.

ANREISE

Umweltverträglich erreicht man Bratislava schnell und einfach in ca. 1 Std. ab Wien mit dem Zug. Die Bahnlinie wurde extra auch für Pendler eingerichtet.

www.visitbratislava.com

18 Sighişoara – Rumäniens Gruselstadt

Schaurig-schöne Historie

Sighişoara ist einladend schön. Die bezaubernde Stadt mit den bunten Häusern, den Türmen und der alten Stadtmauer vermittelt ein Gefühl von Nostalgie. Doch man sollte sich nicht täuschen lassen, denn dieser Ort birgt ein düsteres Geheimnis, das in die Geschichte eingegangen ist.

Die Rede ist von Sighişoara, zu Deutsch Schäßburg, Rumäniens Gruselzentrum in Transsylvanien. Es ist die Geburtsstadt des Grafen Vlad Ţepeş, der Bram Stokers Graf Dracula als Inspiration gedient haben soll. Die Stadt ist stolz auf ihre berühmte Verbindung zu diesem ikonischen Charakter der Literatur und des Horrorfilms. Vlad III. Drăculea war ein rumänischer Fürst des 15. Jahrhunderts. Er wurde im Jahr 1431 geboren und starb im Jahr 1476. Tatsache ist, dass er einen erbitterten Kampf gegen das Osmanische Reich führte, denn die Türken versuchten den Balkan zu erobern. Seine berüchtigste Methode, den Feind einzuschüchtern, war das Pfählen und Zurschaustellen seiner Opfer. Dies und noch viele weitere Foltermethoden wurden zum Symbol für seine

← Bunte Häuser und der mächtige Stundturm sind das Aushängeschild Sighişoaras.
↗ Der Zinngießerturm bewachte die Schäßburg nach Süden hin.

Herrschaft und brachten ihm den Namen Țepeș (»der Pfähler«) ein. Obwohl die Figur des Grafen Dracula in Bram Stokers Roman von 1897 nur lose auf Vlad III. basiert, hat sie zu einer Verbindung zwischen dem Woiwoden und dem Mythos des Vampirs geführt.
Deshalb ist das erste Ziel jeder Stadtbesichtigung das angebliche Geburtshaus von Dracula in der Oberstadt, das heute ein Museum ist. Wären da nicht die vielen Touristen, läge es klein und unscheinbar hinter dem großen Burgtor, dem 64 Meter hohen Stundturm, einem der Wahrzeichen der Stadt. Von den einst 14 Türmen der fast intakten Stadtmauer sind noch neun erhalten. Einige tragen den Namen der Zünfte, die im Notfall auch für die Verteidigung zuständig waren: Fleischer-, Kürschner-, Schneider-, Schuster- und Zinngießerturm. Innerhalb dieses Rings befindet sich der Zitadellenplatz, auf dem früher Handel betrieben wurde. Umsäumt von bunten Häusern bildet er das Zentrum. Wobei man bei genauem Hinsehen erkennt, dass die ganze Stadt eigentlich eine Festung ist.
Das allein schon macht Sighișoara zu etwas Besonderem: Es ist eine der letzten bewohnten Burganlagen Europas. Doch durch ihren nahezu vollständigen Erhaltungszustand ist sie wirklich etwas

Einzigartiges und wurde deshalb 1999 zum UNESCO-Weltkulturerbe erklärt.
Schäßburg sollte man aber nicht verlassen, ohne zuvor zur Bergkirche mit ihrer Krypta und dem verwunschenen deutschen Friedhof hinaufgestiegen zu sein. Sie liegt auf dem Schulberg, zu dem über 100 Treppenstufen führen. Eine Mühe, die sich rentiert, wird man doch mit einem herrlichen Blick über die Stadt belohnt.

Info

TRIVIA

Drăculea bedeutet »Sohn des Drachen«. Der Vater von Vlad III. wurde vom römisch-deutschen Kaiser Sigismund von Luxemburg in den Drachenorden (lat. für Drache = Draco) aufgenommen. Die mystische Gemeinschaft hatte den Heiligen Georg, den Drachentöter, als Vorbild und wollte das Christentum gegen das Osmanische Reich schützen.

RUMMELPARK

In Schäßburg ist man nicht allein, die besondere architektonische Bauweise lockt viele Touristen an. An manchen Tagen platzt die kleine Stadt aus allen Nähten. Es lohnt sich, antizyklisch unterwegs zu sein, in aller Früh oder abends, wenn die Tagestouristen wieder weg sind.

ANREISE

Die Anreise kann mit dem Auto oder dem Zug erfolgen. Internationale Zugverbindung gibt es mit Budapest oder Wien sowie aus der Hauptstadt Bukarest oder Sibiu.

www.romaniatourism.com

19 Bovec – in den Julischen Alpen

Das Outdoorparadies im Tal der Soča

Auf kleinstem Raum spiegelt sich bei Bovec Sloweniens landschaftliche Vielfalt wider. Die schneebedeckten Gipfel der Julischen Alpen, die sonnigen Täler und Hochebenen, das türkisfarbene Wasser des Flusses Soča sowie die dichten Wälder zeichnen die facettenreiche Landschaft aus.

Die Gemeinde Bovec liegt am Rand des slowenischen Triglav-Nationalparks. Im Westen begrenzt die Bergkette des über 2500 Meter hohen Kanin den Übergang nach Italien, während sich nach Süden das Tal langsam weitet und man keine 100 Kilometer später an den Stränden der Adria sitzt.

So weit muss man für den perfekten Wassersport gar nicht fahren, man findet alles rund um Bovec. Zugegeben, die 3200-Seelen-Gemeinde ist keine Stadt, aber die sucht man in dieser Region Sloweniens sowieso vergebens. Hier geht alles sehr viel ruhiger und beschaulicher zu als im Rest der Welt, trotzdem ist touristisch alles vorhanden, was man sich für ein paar aktive Tage in den Bergen wünscht. Zahlreiche Restaurants und Unterkünfte garantieren einen angenehmen Aufenthalt. Angebote gibt es für jede Geldbeutelgröße, vom feinen Hotel bis zu stilvoll am Wasser gelegenen Campingplätzen.

Bovec gilt in Slowenien als der ultimative Hotspot für Outdoor-Urlaub und Sportaktivitäten. Dabei spielen der smaragdfarbene Fluss Soča und die wild schäumende Koritnica die Hauptrollen. Sie locken im Sommer zu actionreichen Raftingtouren und Kajakfahrten. Überall im Ort gibt es Anbieter für Kurse und Fahrten, inklusive Wildwassertouren aller Stufen. Für Anfänger ist ebenfalls was dabei.

Aber auch Bergsteiger und Wanderer kommen voll auf ihre Kosten. Mit der Seilbahn geht es hinauf zur 2202 Meter hoch gelegenen Bergstation. Im Sommer entpuppt sich das karstige und felsige Gipfelplateau als Eldorado für Gleitschirmflieger sowie als Ausgangspunkt für hochalpine Berg- und Klettertouren zum Gipfel des Kanin oder des Monte Forato.

Ohne Aufstiegshilfe und einfacher kann man auf der anderen Seite des Tales in gut fünf Stunden den Svinjak bezwingen. An seinem Gipfel hat man einen der fantastischen Aussichtspunkte über Bovec erreicht. Auch kürzere Wanderungen führen zu landschaftlich reizvollen Punkten wie dem Wasserfall Virje, der sich mitten im Wald in mehreren Kaskaden über moosbewachsene Felsen in ein grünes Becken stürzt.

Auf historischen Spuren kann man das Tal erwandern, ein geschichtsträchtiger Weg führt zur alten Festung Kluže. Es ist erstaunlich, wie das erschütternde Erbe des Ersten Weltkriegs heute so harmonisch mit unendlich schöner und friedvoller Landschaft einhergeht.

← **Wer die Soča genießen möchte, muss sich warm anziehen. Auch im Hochsommer bleibt der Gebirgsfluss, die Lebensader von Bovec, auf erfrischend kühlem Niveau.**

Info

HISTORISCH

Das Gebiet rund um die Soča, auf Italienisch Isonzo, war einer der großen Kriegsschauplätze im Ersten Weltkrieg. Entlang der Isonzofront verloren Hunderttausende Soldaten ihr Leben. Heute noch, nach über 100 Jahren, stößt man immer wieder auf ehemalige Grenzbefestigungen, Soldatenfriedhöfe sowie Reste von Kasernen. Sie sind nun Mahnmale für den Frieden.

TRIGLAV-NATIONALPARK

Das Herzstück des Parks ist der 2864 m hohe Triglav, der höchste Berg Sloweniens. Sein dreieckiger Gipfelaufbau ist von allen Seiten gut zu erkennen. Der Nationalpark in seiner heutigen Größe von rund 84.000 ha besteht seit 1981.

ANREISE

Eine Zugverbindung nach Bovec gibt es nicht, der nächste Bahnhof liegt in Bohinj. Aber der Ort ist im Sommer hervorragend grenzüberschreitend mit Bussen an alle wichtigen Ausgangspunkte für Touren angeschlossen.

www.slovenia.info

Wie genau funktionierten …

mittelalterliche Städte?

Wer durch Altstädte streift, atmet Geschichte. Sie spiegelt sich immer noch in den kleinen Gassen, die wir heute so charmant empfinden, und den beeindruckenden Bauwerken der Vergangenheit.

Umgeben waren die Städte von Stadtmauern aus Stein oder Lehm. Nur durch bewachte Tore, die nachts geschlossen wurden, konnte man die Städte betreten. Die Mauern dienten dem Schutz vor feindlichen Angriffen und bewahrten die Stadt vor Eindringlingen.

Der Markt – Herzstück und Knotenpunkt

Das Zentrum der mittelalterlichen Städte bildeten neben den Kirchen die Märkte. Auf den Plätzen pulsierte das Leben, Händler aus nah und fern präsentierten ihre Waren, und Käufer strömten zusammen, um Handel zu treiben. Die Märkte waren ein Schmelztiegel der Kulturen, in dem unterschiedliche Sprachen und Bräuche aufeinandertrafen. Der Handel florierte, und die Städte wurden zu Knotenpunkten des Austauschs von Gütern und Ideen. Umgeben war der Marktplatz meist von wichtigen Gebäuden wie dem Rathaus oder den Häusern bedeutender Bürger und Machthaber, angrenzend siedelten sich Handwerker nach Zünften getrennt an. Das mittelalterliche Rechtssystem war unerbittlich. Hinrichtungen wurden auf öffentlichen Plätzen oder in der Nähe der Stadtmauern durchgeführt. Sie sollten abschreckend wirken sowie die Macht der Herrscher demonstrieren und zogen große Menschenmengen an. Doch nicht nur die Justiz war grausam, auch die Lebensbedingungen selbst waren oft beschwerlich und nicht selten gefährlich. Städte waren überfüllt. In den engen Gassen breiteten sich Krankheiten durch die schlechten hygienischen Zustände leicht aus. Armut und soziale Ungleichheit waren allgegenwärtig. Handwerker und Kaufleute konnten ein gewisses Wohlstandsniveau erreichen, während die ärmeren Bevölkerungsschichten oft unter widrigen Bedingungen lebten. Prunk gab es nur bei Herrschern und der Kirche. Die Kathedralen und sonstigen Gotteshäuser machten als größte Gebäude einer Stadt deutlich, welchen Stand die Religion innehatte.

Die bis heute erhaltenen oder nach den Schäden des Zweiten Weltkrieges wieder errichteten Altstädte erlauben es uns, in die Vergangenheit zu reisen. In den engen kopfsteingepflasterten und mit Fachwerkhäusern gesäumten Gassen, auf den Marktplätzen, in Kirchen und ehrwürdigen Klöstern brauchen wir nur wenig Vorstellungskraft, um uns ins Leben der Menschen im Mittelalter zu versetzen.

↖ Das rumänische Städtchen Sighișoara besitzt einen fast noch vollständig erhaltenen mittelalterlichen Stadtkern.
↑ Erst später verwandelte man die einst wichtigen mittelalterlichen Stadttore, wie das Michaelertor in Bratislava, zu Prachtbauten und integrierte sie in ein barockes Stadtbild.

Wo in den Hafenstädten im Norden die raue See das Treiben bestimmt, geht es im Süden zwar geschäftig zu, aber dennoch herrscht hier südländische Atmosphäre. Die Sonne strahlt, die Möwen kreischen, der fangfrische Fisch wartet.

Süden

Traumziele mit Sonnengarantie

UNUS
TRINUS
DEUS
CARITAS
FIDES
SPES

20 Genussreise Porto

Eine Reise in die Stadt des Portweins

Die Knie schlottern – wer über die Ponte Dom Luís I läuft, sollte besser höhentauglich sein. Die schmiedeeiserne Brücke verbindet Porto mit dem Städtchen Vila Nova de Gaia, denn der kulinarische Städtetrip beginnt streng genommen nicht in Porto.

Der Name lässt es ja schon erahnen: Wer Porto besucht, kommt am Portwein nicht vorbei. Porto war und ist bis heute der wichtigste Hafen für den Export des süßen, meist mit Brandy verstärkten Portweins aus dem Douro-Tal. Es ist das älteste abgegrenzte Weinanbaugebiet der Welt. Auf 250.000 Hektar wachsen entlang des Flusses Weintrauben, die durch die Schieferböden einen ganz charakteristischen Geschmack erhalten.
Einen Blick auf die Weinberge werfen kann man bei einer Sechs-Brücken-Bootsfahrt auf einem der historischen Rabelos, auf denen bis 1964 die Fässer mit dem Portwein in die Stadt verschifft wurden. Auf den großen Schiffen hatten bis zu 1000 Fässer Platz, sie passierten neben der ikonischen Ponte Dom Luís I weitere Brücken zwischen dem Douro-Tal und Porto. Bei manchem Touranbieter gibt es sogar Portweinverkostungen während der Fahrt, bei denen der edle Tropfen mit den Weinhängen im Hintergrund besonders schmeckt.
In Vila Nova de Gaia siedelten sich bereits vor Jahrhunderten die Portweinkellereien an. Bis heute haben die großen Häuser wie Calém, Sandeman, Offley, Porto Cruz oder Taylor's ihren Sitz am Douro-Ufer. Eine Besichtigung der Weinkeller samt Verkostung ist ein absolutes Pflichtprogramm! Bei Tay-

← Die blau-weißen Azulejos, die typischen Fliesen, sind das Wahrzeichen der Stadt und aus dem Stadtbild nicht wegzudenken. Innen und außen!

Tipp

ÜBERNACHTEN IM PORTWEINHAUS
Im Portweinhaus Sandeman gibt es im Sandeman Hostel & Suites stylische Übernachtungsmöglichkeiten mit Blick auf den Douro und die Altstadt von Porto. Dazu nicht nur leckeren Portwein aus den eigenen Kellern, sondern auch Cocktails (www.thehouseofsandeman.pt).

lor's beispielsweise, die auch Führungen auf Deutsch anbieten, geht es erst in das Herz des Hauses, wo die riesigen Holzfässer bewundert werden können und man nebenbei alles über die Herstellung und die Geschichte des Portweins erfährt. Am Ende darf dann probiert werden, und das üppig: Drei verschiedene Portweine stehen auf dem Programm, man sollte also besser nicht mit leerem Magen kommen. Übrigens: Wer in Gaia einkehren möchte, findet in den Gassen etwas abseits vom Ufer zahlreiche preiswertere Alternativen.

Zurück geht es, am schönsten zu Fuß auf der zweiten Etage der Ponte Luís I, nach Porto. Wen das Design der Brücke irgendwie an den Eiffelturm erinnert, der liegt gar nicht so falsch. Der Architekt, der die Bogenbrücke entworfen hat, war nämlich ein Schüler von Gustave Eiffel. Wem der steile Anstieg zur Brücke zu anstrengend ist, fährt kurzerhand mit der Seilbahn. In Porto gibt es dann die ganze Palette an Altstadtcharme. Nicht umsonst gilt Porto als eine der romantischsten Städte Europas. Und wenn man durch die kopfsteingepflasterten Gassen läuft und die Fassaden mit den typischen Fliesen, den Azulejos, passiert, glaubt man das, ohne mit den Wimpern zu zucken. Doch das Schöne ist: Porto ist noch mehr. Zwischen typischem Altstadtflair, Jugendstil und urbaner Street-Art zeigt sich die Stadt lebendig. Die Kathedrale von Porto hoch oben auf einem Hügel schenkt ihren Besuchern einen grandiosen Panoramablick über die Stadt. Und genau diese Ausblicke sind es, die Besucher immer wieder verzaubern. Zahlreiche Miradouros, so nennt man die Aussichtspunkte, laden zum Träumen ein: Neben dem Miradouro da Sé an der Kathedrale bietet der Miradouro da Vitória im Stadtteil Batalha einen wunderbaren Blick auf die Altstadt von Porto, den Fluss Douro und die Ponte Dom Luís I.

»Porto, das ist einfach Liebe auf den ersten Schluck.«

unbekannt

Ganz in der Nähe der Kathedrale liegt der Bahnhof Porto São Bento. Wer jetzt denkt: Wieso bitte sollte man einen Bahnhof auf der Sightseeing-Liste haben, wird schnell eines Besseren belehrt. Der Bahnhof befindet sich in einem ehemaligen Kloster und ist einfach ein Juwel – und das von außen und innen gleichermaßen. Die Azulejos sind nicht nur hübsch anzusehen, anhand der Fliesen in der Eingangshalle lassen sich sogar Teile der Geschichte der Stadt und des Landes nachvollziehen.

Porto für Foodies

↑ Der Blick von Vila Nova de Gaia.
↙ Ruby, White oder Tawny? Bei der Verkostung lernt man die Unterschiede kennen.

Zweifelsfrei ein Paradies für Schlemmermäuler ist der Markt Bom Sucesso. Man könnte den Markt als eine Symbiose aus hippem Food Market und traditioneller Marktatmosphäre beschreiben. Hier gibt es Kaffeespezialitäten, Tacos, aber auch lokale Fischspezialitäten oder den trendigen Drink aus Porto: Portwein mit Tonic Water. Die Einwohner und Einwohnerinnen von Porto werden von ihren Landsleuten »Tripeiros« genannt, was in etwa »Kuttelesser« bedeutet. Die wahre Spezialität der Stadt ist aber etwas total anderes. Wer mehr typische Gerichte aus Porto kosten möchte, landet früher oder später bei dem Schmankerl der Stadt überhaupt: Francesinha. Doch aufgepasst, hierbei handelt es sich um eine absolute Kalorienbombe, die zudem ein wenig skurril anmutet. Zwischen zwei Toastscheiben wird jede Menge Fleisch gesteckt: Kochschinken, Chorizo, Rindfleisch und Wiener Würstchen. Das Ganze wird mit viel Käse überbacken. Darauf kommt dann noch ein Ei und obendrüber eine Sauce, die aus Bier, Senf und Tomaten besteht. Gewöhnungsbedürftig. Zu Francesinha isst man übrigens Pommes. Sie werden in die würzige Soße getunkt, die mir hervorragend geschmeckt hat. Apropos Bier: Zu der Kalorienbombe trinkt man die lokale Marke »Super Bock«. Eine fleischlose Variante wird im Lokal Francesinhas Al Forno da Baixa serviert.

Info

BASE BAR
Eine echter Szenetreff: Hier trifft man sich an lauen Sommerabenden auf ein Feierabendbier oder ein Gläschen Port Tonic. Einen Pool gibt es auch (https://baseporto.com).

SURFER-VIBES
Mit dem Bus Nr. 500 geht es nach Matosinhos. Das ehemalige Fischerdorf direkt am Atlantik lockt vor allem Surfer bis in den Herbst hinein an den Strand.

HOSTEL
Die Hostels in Portugal gehören zu den besten Europas. In Porto kommt man gut und je nach Saison durchaus günstig in Mehrbettzimmern unter. Das recht zentrale The Spot Hostel bietet auch Doppel- und Zweibettzimmer an (www.spot-hostel.pt).

ANREISE
Porto und Lissabon lassen sich einwandfrei zu einem kleinen Roadtrip verbinden, und das geht problemlos mit dem Bus: Die Strecke Lissabon–Porto dauert dank Direktverbindung bei FlixBus zwischen 3 und 4 Std. und kostet um die 7 €.

21 Granada und die Alhambra

Eine unvergessliche Reise in die maurische Vergangenheit

Auf 700 Metern Höhe in einer fruchtbaren Ebene zwischen den Flüssen Darro und Genil liegt am Fuße der imposanten Sierra Nevada die Stadt Granada. Das maurische Erbe gipfelt hier in einem Meisterwerk der Architektur: der Alhambra.

Der Besuch in Granada führt zurück in die Geschichte der maurischen Herrschaft. Unter der Herrscherdynastie der Nasriden erlebte Granada eine Zeit der kulturellen und wirtschaftlichen Blüte. Im 13. Jahrhundert, nach der Gründung des Nasridenreichs, wurde die Alhambra als militärischer Bereich errichtet und diente später als Residenz des Königshauses und des Hofes von Granada. Im Laufe der folgenden Jahrhunderte wurde die Festung zu einer Zitadelle mit einem militärischen Fort (»Alcazaba«) und der Medina (»Palaststadt«), in der sich die berühmten Nasridenpaläste und Häuser von Adligen befanden, erweitert. Bei einem Besuch gibt es aufwendige Stuckarbeiten, gemusterte Kacheln und feine Mosaike zu bewundern, die eine faszinierende Geschichte aus einer längst vergangenen Zeit erzählen. Zum monumentalen Ensemble gehört auch ein unabhängiger Palast, der Generalife, dessen Gärten der Entspannung der Könige dienten. Heute noch genießt man hier die atemberaubende Aussicht auf die Stadt und die Sierra Nevada.

Um Tickets für die Alhambra zu bekommen, ist es am besten, sie im Voraus online zu buchen. Es ist ratsam, die Tickets mindestens einen Monat vor dem Besuch zu kaufen, da das Kontingent schnell vergeben ist. So sehr der Palast die Stadt bestimmt, Granada hat noch einiges mehr zu bieten! In der Altstadt geht es über Plätze und durch Straßen, vorbei an der Kathedrale aus dem 16. Jahrhundert. Im historischen Stadtteil Albayzín laden weiße Häuser und enge Gassen zum Flanieren ein und die Cafés zum Verweilen. Wenn die Sonne untergeht, erwacht Granada so richtig zum Leben. In den zahlreichen Bars und Clubs in der Innenstadt gibt es für jeden Musikgeschmack das passende Angebot. Besonders empfehlenswert ist das Viertel um die Calle Elvira, wo viele Tapas-Bars die Straßen säumen. Hier gibt es die traditionellen andalusischen Tapas bei pulsierender Atmosphäre, zudem Teestuben und Basarläden.

↗ Prächtige Mauern, der Duft von Tee in den Straßen: Das maurische Erbe scheint in Granada besonders lebendig zu sein.

Info

TANZSHOW

Eine besondere Flamenco-Show gibt es in der Höhle Cueva los Tarantos, die in einen beeindruckenden Flamenco-Saal umgewandelt wurde. Ein weiterer Geheimtipp ist die Peña Flamenca La Platería, ein kleiner Club im Stadtteil Albayzín, in dem regelmäßig Flamenco-Aufführungen stattfinden.

AUSSICHT

Der Mirador de San Nicolás ist ein Aussichtspunkt, von dem man einen wunderschönen Panoramablick auf die Alhambra und die Sierra Nevada hat. Besonders bei Sonnenuntergang ist dieser Ort ein absolutes Highlight.

KARAWANSEREI

Die Corral del Carbón diente als maurische Karawanserei und wird heute als Veranstaltungsort für Konzerte und Theateraufführungen genutzt.

ANREISE

Granada lässt sich ideal zu einer Rundreise mit Málaga, Sevilla und Córdoba verbinden. Zwischen den Städten verkehren Busse und Züge.

Wie aus den Märchen von 1001 Nacht entsprungen wirken die vielfältigen maurischen Dekorationselemente in der Alhambra. Der Leitspruch der Nasriden-Dynastie »Es gibt keinen Sieger außer Allah« taucht mehrere 100 Male auf.

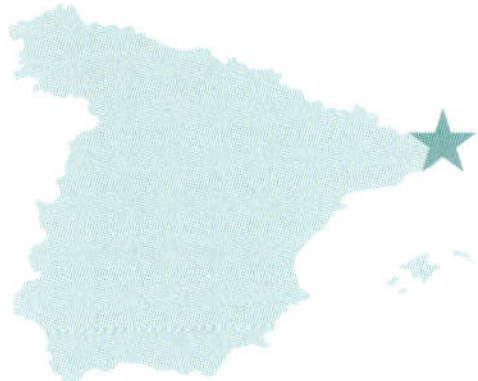

22 Cadaqués – Kunst und Kitsch auf Dalís Spuren

Uhren, Giraffen und Schwäne an der Costa Brava

Man kennt das Malergenie mit dem langen spitzen Schnurrbart, weit aufgerissenen Augen und einem Gehstock – die Rede ist von Salvador Dalí, Spaniens herausragendem Surrealisten.

Seinen Spuren folgt man an der Costa Brava und erlebt dabei jede Menge Kunst und beeindruckende Landschaften. Geboren wurde Salvador Dalí 1904 in Figueres, einer Kleinstadt nahe Girona. Früh fühlte er sich mehr zur Kunst hingezogen statt zu guten Schulnoten, geschweige denn zu einem bürgerlichen Leben. Seine Karriere begann schon als junger Erwachsener; bereits mit 25 Jahren hatte er sich – zumindest optisch – in die Künstlerfigur Dalí verwandelt. Sein ganzes Leben jonglierte er zwischen der Malerei und der Bildhauerei, aber er fungierte auch als Bühnenbildner und Schriftsteller. Seine Arbeiten entstanden in einem großen Spannungsfeld, geprägt von anderen Künstlern, von Politik und der Wissenschaft, aber

← Das Ei steht für Leben und wurde von Salvador Dalí häufig als Symbol verwendet.
↗ Cadaques liegt in einer malerischen Bucht auf der iberischen Halbinsel Cap de Creus.

auch von Schauspielern oder dem Jetset. Seine eigentliche Muse war jedoch seine Frau Gala. Weltweit bekannt war der geniale Künstler auch durch seine egozentrischen Attitüden, seinen dekadenten Lebensstil und seinen Größenwahn.
Heute findet man Dalís Kunst in allen großen Museen der Welt, aber vor allem hier am Cap de Creus in Spaniens Südosten kann man etwas von seinem privaten Leben spüren.
In Cadaqués, einem überaus malerischen kleinen Küstenort, lebte Dalí zusammen mit Gala über 50 Jahre. Im Ortsteil Portlligat kaufte er sich ein kleines Fischerhaus, das er im Laufe der Jahre und mit zunehmendem Ruhm immer weiter vergrößern ließ. Das verschachtelte Domizil mit seinem weitläufigen Garten lässt sich besichtigen. Das Atelier, die Wohnräume und das Mobiliar sind noch weitgehend erhalten. Das ganze Haus ist ein gelungener Mix aus bäuerlichem Landausstil und quietschbunter 70er-Jahre-Plastikdeko. Die Schränke in Dalís Ankleidezimmer sind übervoll mit privaten Erinnerungsfotos bestückt. Sein Bett gleicht dem eines französischen Sonnenkönigs. Dalí liebte die Sonne, für ihn ein Symbol des Lebens. Deshalb ließ er einen großen Spiegel in seinem Zimmer anbringen, um jeden Morgen vom Bett aus den Sonnenaufgang über dem Meer betrachten zu können.
Darüber hinaus finden sich noch viele weitere oft winzige Details in den Räumen, die uns heute Salvador Dalí als Menschen näherbringen.
Nur Dalís wertvollen Gemälde und seine persönliche Bibliothek sind nicht mehr vorhanden, sie wurden ins Teatre-Museu Dalí nach Figueres gebracht und können dort besichtigt werden. Das Museum samt Theater erbaute der Künstler bereits 1972 ganz nach seinen Vorstellungen. Im Privathaus selbst befinden sich nur noch zwei unvollendete Werke, denn Dalí verließ 1982 nach dem Tod seiner Frau das Haus und kehrte nie wieder zurück. Er, der keine Erben hatte, hinterließ das Haus sowie das Theater von Figueres nach seinem Tod 1989 dem spanischen Staat.

Info

CASA SALVADOR DALÍ

Man besucht das Haus in Cadaqués mit vorgebuchten Online-Tickets, denn die Wohnräume dürfen nur in kleinen Gruppen betreten werden. Reichlich Zeit sollte man sich auch für den Ort gönnen, wo man bei einem Rundgang auf viele Originalplätze trifft, die Dalí in seinen Gemälden verewigt hat.

NOCH MEHR DALÍ IN FIGUERES

In Figueres befindet sich das Teatre-Museu Dalí mit seinen von Eiern besetzten Dächern, der Kristallkuppel und den großen Figuren. Auch dort sollte man unbedingt im Voraus seine Tickets reservieren.

ANREISE

Von Figueres erreicht man mit dem Bus in knapp 1,5 Std. den Küstenort Cadaqués. Die Anreise nach Figueres erfolgt meist über Barcelona und dann weiter mit der Bahn.

www.salvador-dali.org

23 Bilbao – wau wau

Wo Jeff Koons' Welpe im Nebel versinkt

Bilbao im Norden Spaniens versteht es, moderne Architektur und Kunst in den Vordergrund zu stellen. Von ikonischen Gebäuden wie dem Guggenheim-Museum über beeindruckende Brücken und Hochhäuser sowie jeder Menge Kunst gibt es in Bilbao eine Fülle an Meisterwerken zu bewundern, zu der sich die feine baskische Kulinarik gesellt.

Dabei war auf unserer ersten Reise durch das Baskenland der Besuch von Bilbao gar nicht wirklich geplant. Zumindest stand die Stadt nicht auf der To-do-Liste meines Mannes. Auf meiner Agenda hingegen schon, und zwar in Großbuchstaben. Aber es bedurfte einiger diplomatischer Überredungskunst, den geliebten Göttergatten davon zu überzeugen, dass, wenn wir schon mal in der Nähe sind, wir doch das Guggenheim-Museum nicht verpassen sollten. Gewinnen konnte ich ihn schließlich mit den in Aussicht gestellten Pintxos, den baskischen Tapas, von denen er während der Reise durch Nordspanien schon jede Menge genossen hatte und die natürlich in Bilbao genauso gut sein sollen wie im 100 Kilometer entfernten San Sebastián.

Gesagt, getan, und so fuhren wir in aller Früh am Golf von Biskaya los, in Richtung Süden, rauschten durch den Artxanda-Salbe-Tunnel und passierten auf der hohen Brücke Puente de La Salve den Fluss Nervión.

Der Guggenheim-Effekt

Auf einmal wurde es ganz still in unserem Auto, tief unter uns leuchtete golden in der Morgensonne das berühmte Guggenheim-Museum. Seine außergewöhnliche Architektur aus gebogenen Titanplatten, die sich wie eine Skulptur entlang des Flussufers zieht, macht einfach sprachlos. Und sogar mein normalerweise nicht gerade kunstversessener Mann war ergriffen. Frank Gehry, der Architekt, hat hier wirklich ein Meisterwerk geschaffen. Das Museum, das 1997 eröffnet wurde, hat das Stadtbild von Bilbao nachhaltig verändert und ist zu einem Symbol für den Ort geworden. Schnell war ein Parkplatz in der Tiefgarage gefunden. Auf dem noch einsamen Museumsgelände begrüßte uns dann Jeff Koons' Kunstwerk »Puppy«, der überdimensionierte Welpe

→ Vor allem von außen entdeckt man beim Guggenheim-Museum so gut wie keine geraden Wände.

8,50 euros

aus Blumen. Bevor wir Tickets erwerben konnten, starteten wir zu einem Rundgang um das Museum, das Außengelände ist frei zugänglich. Zum Fluss hin öffnet sich der Komplex, und künstliche Wasserbecken verbinden, zumindest optisch, das Gebäude mit dem natürlichen Gewässer. Auf einmal wabert dicker weißer Nebel aus den Seitenwänden und hüllt uns völlig ein. Erst später erfahren wir, dass sich zu jeder vollen Stunde die Nebel-Skulptur der japanischen Künstlerin Fujiko Nakaya über das Wasser legt und die neun Meter hohe Spinne »Maman« von Louise Bourgeois sowie die bunten Stahl-Tulpen, ebenfalls von Jeff Koons, einhüllt. Jetzt endlich hat auch mein Mann verstanden, warum dieses Museum Kunstliebhaber aus der ganzen Welt anzieht. Es gab keine Diskussion mehr über den Kauf von zwei Tickets, auf einmal war die »moderne« Kunst für uns beide mehr als interessant, und mein Tag war gerettet.

»The Guggenheim Museum Bilbao looks like a great adventure.«

Bildhauer Eduardo Chillida

Auch innen überzeugt das Museum völlig, mehr dazu wollen wir gar nicht verraten, aber eines wird klar: Moderne Kunst in einer so spannenden Architektur kann sehr viel Spaß machen. Bei meinem Mann könnte man vom Guggenheim-Effekt schreiben. Aber eigentlich ist damit etwas ganz anderes gemeint. Man spricht vom Bilbao-Effekt: einer gezielten Aufwertung von Städten mit spektakulären Bauten. Und das ist mit dem Bau des Museo Guggenheim gelungen. Bilbao hat sich von einer tristen und verschandelten Industriestadt mit hoher Arbeitslosigkeit, Kriminalität und geringer Wirtschaft zu einer kulturellen Perle im Norden Spaniens entwickelt. Zumindest trifft das auf die Stadtviertel Abando, rund um das Museum, Deusto, das Universitätsviertel, sowie San Francisco, die eigentliche Altstadt, zu.

Mekka für Architekturliebhaber und Genussmenschen

Aber natürlich wollen wir Bilbao nicht verlassen, ohne zuvor noch die berühmten Pintxos zu probieren. So machen wir uns zu Fuß auf, um die Altstadt zu besuchen. Der Fluss Nervión gibt die Richtung vor. Gut, dass unterwegs gleich noch die Puente Zubizuri liegt – das nächste architektonische Juwel Bilbaos. Diese moderne Fußgängerbrücke, entworfen

↖ Der wohl am meisten fotografierte Hund in Bilbao: Jeff Koons' Puppy.
← So schmeckt das Baskenland: variantenreiche Pintxos.
← An der Foru Plaza steht das Rathaus von Gernica, das historische Zentrum ist nach dem Bombenangriff im April 1937 zerstört worden.

Tipp

GAME OF THRONES UND GUERNICA

Auch die Umgebung von Bilbao ist sehenswert. Entlang der Küste trifft man auf die Kapelle San Juan de Gaztelugatxe, ein ehemaliges Kloster, das dramatisch auf einer kleinen Halbinsel im Golf von Biskaya erbaut wurde. Trivia: Erkennbar als einer der Drehorte von »Game of Thrones«.

Einen Abstecher wert ist die Stadt Guernica, auch Gernika, einer der wichtigsten politischen und historischen Orte der Autonomen Gemeinschaft Baskenland und zudem Vorlage für Pablo Picassos dramatisches Gemälde »Guernica oder Die Schrecken des Krieges«.

von Santiago Calatrava, ist ein atemberaubendes Beispiel für geschwungene Formen mit einem Hauch von Leichtigkeit, gepaart mit Eleganz und futuristischem Aussehen. Daneben erheben sich die Isozaki-Türme, benannt nach dem japanischen Architekten Arata Isozaki.

Der Kontrast zur kurz darauf folgenden Altstadt könnte nicht größer sein. Bilbao ist es gelungen, die traditionelle Bausubstanz mit zeitgenössischem Design zu verbinden und damit ein spannendes Zusammenspiel zwischen Alt und Neu zu schaffen.

Hinter der Plaza Arriaga betreten wir die Altstadt. Casco Viejo oder Siete Calles nennt man das Gassengewirr mit seinen von schmiedeeisernen Balkonen umklammerten, bunten Häusern. Nur die klassizistische Plaza Barria mit ihren symmetrischen Arkaden und zart gelben Hauswänden setzt noch einmal einen Kontrapunkt. Schon hier ist die Fülle an Tapas- bzw. Pintxos-Bars und Straßencafés enorm. Aber es lohnt sich, noch etwas weiter zu gehen. Vorbei an der gotischen Catedral de Santiago Apóstol erreichen wir schließlich den wohl zweitwichtigsten Ort in Bilbao. Der Mercado de La Ribera, auf Baskisch Erribera merktuta, ist eine riesige überdachte Markthalle von 1929. Sie gilt als die »größte Vorratskammer Bilbaos«. So kann man sich von Montag bis Samstag mit allerlei fangfrischem Fisch und Meeresfrüchten, Fleisch, Käse sowie Gemüse und Obst eindecken. Doch das Beste an dem Markt ist die »Foodhall«, eine Halle, in der an verschiedenen Ständen die berühmten Pintxos samt einem Glas Wein angeboten werden. Diese Art, mittag- oder abendzuessen, zu essen, mit kleinen von unterschiedlichen Leckereien belegten Broten, erlebt man nur im Baskenland. In der Altstadt gibt es noch jede Menge weitere Pintxos-Bars, es gibt keinen besseren Ort, um das auszutesten, als Bilbao.

↖ Liebevoll sind die Balkone mit Blumen geschmückt.
← Die berühmte Rad- und Fußgängerbrücke Zubizuri.
↗ Der Weg zur Einsiedlerkapelle ist beschwerlich, viele Stufen führen bergab und bergauf.

Info

PUENTE DE VIZCAYA

An der Mündung des Nervión transportiert diese außergewöhnliche Eisenbrücke und weltweit erste Hochbrücke als Schwebefähre Personen und Fahrzeuge über den Fluss. Ein erstaunliches Industriedenkmal!

TRIVIA

Die modernen Bauwerke in Bilbao sind natürlich nicht unumstritten. So gab es vor allem mit der Puente Zubizuri schon jede Menge Ärger. Optisch ein Highlight, aber nicht wirklich in allen Punkten funktionsfähig. Der gläserne Boden stellte sich als so rutschig heraus, dass er heute mit einem Teppich bedeckt ist.

ANREISE

Bilbao erreicht man gut mit dem Zug oder per Flugzeug. In der Stadt kann man sich bestens zu Fuß bewegen.

www.guggenheim-bilbao.eus
www.bilbaoturismo.net

24 Atlantikperle San Sebastián

Zwischen leckerem Lokalpatriotismus und zeitgenössischer Haute Cusine

San Sebastián ist die Hauptstadt der Haute Cusine. Nirgendwo sonst ist die Dichte an Sterne-Restaurants höher als hier. Spätestens an der Strandpromenade merkt man aber, dass San Sebastián nicht nur kulinarisch ein echtes Juwel ist.

Die nordspanische Stadt San Sebastián, oder Donostia, wie die Basken den Ort nennen, ist umgeben von den Hügeln Ulía, Urgull mit der ikonischen Jesus Statue und dem Igueldo. Um sich erst einmal einen Überblick zu verschaffen, geht es auf dem einfachsten Weg nach oben mit der Standseilbahn auf den Igueldo mit dem Vergnügungspark aus dem Jahr 1912. Aus 200 Metern Höhe fällt der Blick bis über die Grenze nach Frankreich, auf die Bucht mit der Playa de la Concha, dem berühmten Stadtstrand, und den Hafen.

»Donostia ist eine Stadt, die Gegensätze vereint: Lokalpatriotismus und kosmopolitische Offenheit und Tradition und Moderne.«

Julia Schattauer

Was die Küche angeht, ist San Sebastián berühmt für seine Dichte an Sterne-Restaurants. Legendäre Köche wie Juan Mari Arzak oder Martín Berasategui machten die Stadt zum Firmament für Michelin-Sterne. Gute Küche hat hier Tradition, und zwar in den Clubs der kochenden Männer. Nirgendwo sonst gibt es mehr Kochclubs. Die ersten der sogenannten Txokos sollen um 1850 entstanden sein, um gemeinsam baskische Gerichte zu kochen, zu trinken und zu quatschen, und das ganz ohne die Frauen. Die sind hier nämlich nicht erwünscht. Einige Clubs – 2000 gibt es im ganzen Baskenland, mehr als 200 allein in San Sebastián – öffnen die Türen auch für Touristen und Frauen.

← Das Fischerdorf Pasaia liegt nur ein paar Kilometer östlich von San Sebastián.
↗ In der Altstadt navigiert man nach dem Motto: Immer der Nase nach.

Einmal ins Schlaraffenland, bitte

Ziemlich genau so stellt man sich das Schlaraffenland vor: Auf der gesamten Länge der Bar reihen sich kleine Häppchen. Brotscheiben mit Schinken, Spießchen mit Anchovis, gegrilltes Schweinefleisch und Käsevariationen mit Klecksen von dunkelroter Marmelade. Was bei den Spaniern Tapas sind, nennt sich bei den Basken Pintxos, was so viel wie »Spießchen« bedeutet. Traditionell werden die Zutaten auf einen kleinen Holzspieß gesteckt, als Unterlage dienen Brotscheiben. Die Wahl fällt schwer, doch viel falsch machen kann man sowieso nicht. Wer seine Wahl getroffen hat, nimmt das Objekt der kuli-

narischen Begierde in die Hand. Zwei Bissen, ein wenig Gekrümel und schon ist das baskische Kulturgut im Mund verschwunden.
Unzählige kleine Pintxobars reihen sich in der Altstadt nebeneinander. In der einen Hand einen Txakoli, den spritzigen baskischen Weißwein, der mit einem kräftigen Schwung und ausreichend Abstand zum Glas eingefüllt wird, ein Häppchen in der anderen. Als Regel gilt: nicht mehr als drei Pintxos pro Bar, dann geht es weiter in die nächste. Alles andere wäre Verschwendung, denn das Angebot ist zu groß und zu lecker, um in nur einer Bar zu bleiben.
In der Bar Txepetxa etwa in der Altstadt unweit der Plaza Constitución dreht sich alles um Anchovis. Mit Salsa aus grüner und roter Paprika oder mit Rogen vom Seeigel. Für Veganer gibt es gebratenes Gemüse oder eingelegte, fein gewürzte Gurken. Im Bergara außerhalb der Altstadt im Stadtteil Gros gibt es Eigenkreationen und Neuauflagen der Klassiker. Ein Miniatur-«Teigboot« mit Pilzen und Garnelen? Oder doch lieber den Seeteufel mit einer Soße aus Meeresfrüchten? Wer an einem Donnerstagabend in der Stadt ist, sollte auf keinen Fall den sogenannten Pintxopote verpassen. In der Altstadt und im Viertel Gros bieten die meisten Bars am Abend ein Getränk, entweder Txakoli oder ein Zurito, ein kleines Bier mit einem Pintxo, für zwei Euro an. Günstiger kann man sich nicht durch die Stadt schlemmen.

Tipp

BEACH TIME

Wer direkt am Meer ist, will natürlich auch die Strände genießen. San Sebastián ist gleich mit drei Traumstränden gesegnet: dem berühmten Stadtstrand La Concha, La Ondarreta am Fuße des Monte Igueldo und La Zurriola. Letzterer ist der place to be für Surfer.

Ein Ort für Königinnen

Die Calle de Pescadería ist eine Straße in der Altstadt von San Sebastián, die bekannt ist für ihren versteckten Straßenmarkt, wo man fangfrischen Fisch und Meeresfrüchte kaufen kann. Auf dem täglich geöffneten Markt gibt es eine große Auswahl an Produkten, die von lokalen Fischern und Bauern angeboten werden. Außer dem Markt gibt es auch einige Restaurants und Bars, die auf Fischgerichte spezialisiert sind.
Schon Königin Isabella II. kam gerne hier an die Küste, um ihre Hautleiden im Meerwasser zu lindern – mit ihr der ganze Hofstaat, gefolgt von allem, was Rang und Namen hatte. Und San Sebastián wusste seine Gäste zu bezirzen: Casinos, wunderschöne Schmuckfassaden, sanfte Buchten und Strände machen die Baskenstadt zu einem eleganten Reiseziel,

↗ La Concha ist der berühmteste der drei Stadtstrände.
← Die Jugendlichen wissen, wie man entspannt: Einfach am Wasser sitzen und den Blick schweifen lassen.

dessen Anmut im Kontrast zum rauen Atlantik besonders zum Ausdruck kommt. Beim Erkunden der Altstadt geht es durch lebhafte Straßen zur Plaza de la Constitución. Die nummerierten Balkone zeugen noch heute davon, dass hier einst Stierkämpfe veranstaltet wurden. Das ist zum Glück Geschichte.

Info

KURSAAL

San Sebastián ist nicht nur altehrwürdig, sondern kann auch modern, das zeigt das futuristische Gebäude des Kongresspalastes mit dem Kursaal. Der Kursaal liegt am Strand Zurriola und bildet das Epizentrum der kulturellen Aktivitäten und Kongresse der Stadt.

LE BUKOWSKI

Die Bar im Flohmarktstil ist einer der beliebtesten und ältesten Orte des Nachtlebens mit Live-Musik.

STERNEKÜCHE

Kokotxa in der Altstadt serviert unter Daniel López typisch baskische Küche auf Sterneniveau.
www.restaurantekokotxa.com

ANREISE

Von Bilbao ist San Sebastián nur 100 km entfernt, vom französischen Biarritz etwa 50. Beide Orte sind mit Bussen gut erreichbar.

25 Katakombenstadt Rabat

Ein Muss für jeden Besucher, der sich für die Geschichte Maltas interessiert

Nur durch einen Park getrennt schmiegt sich im Westen der Insel Malta die Stadt Rabat an Mdina, die frühere Hauptstadt des Landes. Selbst im Schatten der Schwesterstadt zeichnet sich Rabat durch seine reiche Geschichte und Kultur aus, die bis in die Römerzeit zurückreicht.

Rabat, was im Arabischen für »Vorstadt« steht, befindet sich im Bereich der alten Inselhauptstadt, die zur Zeit der römischen Herrschaft den Namen Melita trug. Der von Festungsmauern umgebene Vorort bildete sich um die eigentliche Hauptstadt Mdina herum, die von einer gemeinsamen Mauer umschlossen wurde. Während die geistlichen und weltlichen Herrscher in Mdina residierten, konzentrierten sich im bevölkerungsmäßig größeren Rabat der Handel und das Gewerbe. Die Wege in Rabat sind kurz, und so lässt es sich ganz ausgezeichnet zu Fuß durch die Gassen schlendern. Beim Flanieren fällt es leicht, sich vorzustellen, wie hier das Leben zur Herrschaft der Ritter des Johanniterordens während des 16. Jahrhunderts ausgesehen haben muss.

← Rabat ist nicht nur unterirdisch interessant anzuschauen, auch über der Erde beeindruckt die Architektur.

Vorbei an den Häusern mit den typisch maltesischen Balkonen, kleinen Handwerkerläden und Restaurants, hat man an der Stadtmauer aus dem 16. Jahrhundert einen umwerfenden Blick auf die Umgebung. Vom Aussichtspunkt »Is Saqqajja« bietet sich ein tolles Panorama über Rabat, die benachbarte Stadt Mdina und das türkisblaue Meer.
Mitten in Rabat liegen die Katakomben von St. Paul.

Tipp

AUF DEN SPUREN DES HEILIGEN PAULUS
Die Kollegiatkirche St. Paul selbst wurde an dem Ort, genauer gesagt einer Grotte, errichtet, an dem der heilige Paulus auf seiner Reise nach Rom im Jahr 60 n. Chr. schiffbrüchig wurde und drei Monate auf Malta verbrachte. Man kommt über eine Treppe an die natürliche Höhle, die durch ein Gitter abgetrennt ist.

Sie wurden um das Jahr 350 in der römischen Zeit angelegt und erstrecken sich über bisher bekannte 1,5 Quadratkilometer. Die Katakomben sind öffentlich zugänglich und können nach Kauf eines Tickets besichtigt werden. Benannt wurde die auf den unterirdischen Gewölben errichtete Kirche übrigens nach dem heiligen Paulus, der während seiner Reisen durch das Mittelmeer Malta besuchte und hier angeblich gepredigt hat. Die Katakomben dienten als Begräbnisstätte für die frühen Christen, die auf Malta lebten. Im Laufe der Jahre wurden an diesem ehrwürdigen Ort etwa 1400 Tote bestattet, die inzwischen aber alle ausgelagert wurden.

Ein paar Schritte die Treppen hinab, schon ist es dunkel, die Luft feucht und stickig. Für klaustrophobisch veranlagte Menschen sind die Katakomben nicht unbedingt geeignet. Der unterirdische Friedhof erstreckt sich über mehrere Ebenen und verfügt über ein komplexes Netzwerk von Gängen und Kammern. Er ist ein bemerkenswertes Beispiel für das Grabsystem und die verschiedenen Bestattungsriten, die in der römischen und frühchristlichen Zeit auf der Insel zum Einsatz kamen. Einige der Räume sind mit Fresken geschmückt, die biblische Szenen darstellen, während andere ganz einfach und schlicht gehalten sind.

»Mdina und Rabat sind wie Schwestern, getrennt durch eine Mauer, aber vereint durch eine Geschichte.«

unbekannt

Flache Schuhe sind definitiv von Vorteil beim Erkunden der unterirdischen Räume, denn die Wege

führen oft über Gitter sowie Treppen rauf und wieder hinunter. Die Katakomben wurden erst im 19. Jahrhundert entdeckt und sind seitdem für die Öffentlichkeit zugänglich.
Neben den Katakomben von St. Paul sind auch die Kathakomben von St. Agatha, die ebenfalls ab dem 4. Jahrhundert als frühchristlicher Friedhof genutzt wurden, zu besichtigen. Die namensgebende heilige Agatha soll im 3. Jahrhundert während der Christenverfolgung durch Kaiser Decius nach Malta gekommen sein, um sich in den Katakomben zu verbergen. Später kehrte sie in ihren Heimatort auf Sizilien zurück, um nach Christi Vorbild den Märtyrertod zu sterben. Dabei wurden ihr ihre Brüste abgeschnitten, weshalb sie als Symbol Schalen mit den abgetrennten Brüsten in ihren Händen hält. Auch die Agatha-Katakomben sind für die Öffentlichkeit zugänglich und können im Rahmen einer Führung besichtigt werden, die einen Einblick in die Geschichte sowie in die Bestattungstraditionen und -bräuche der damaligen Zeit gewährt.

↑ Die Barockkirche St. Paul.
↙ Die Grabkammern sind stumme Zeitzeugen.

Auf römischen Spuren wandeln

Wer mehr über die Römerzeit auf Malta erfahren will, sollte einen Blick in das Domvs Romana Museum werfen. Hier kann man eine römische Villa besichtigen, die im Jahr 1881 entdeckt wurde und auf das 1. Jahrhundert n. Chr. datiert wird. Die Villa besteht aus mehreren Räumen, darunter ein Atrium, eine Küche und ein Badezimmer mit Mosaikboden. In den beeindruckend gut erhaltenen Räumlichkeiten bekommt man einen faszinierenden und lebhaften Einblick in die antike Geschichte Maltas. Definitiv einen Besuch wert!
Da die beiden Schwesterstädte in unmittelbarer Nähe zueinander liegen, ist ein Abstecher nach Mdina – wortwörtlich – ziemlich naheliegend. In der ehemaligen Hauptstadt Maltas gibt es die imposante Festung zu bewundern, die im 16. Jahrhundert von den Rittern des Johanniterordens erbaut wurde, zudem historische Kirchen und Stadthäuser sowie prächtige Stadtgärten, die wie kleine Oasen über die Stadt verteilt sind.

Info

ANREISE

Rabat ist nur 8 km von Valetta entfernt. Vom zentralen Busbahnhof in Valetta fahren mehrere Buslinien direkt nach Rabat. Auch die Expressbuslinie X3 bringt die Besucher vom Flughafen nach Rabat.

FONTANELLA TEA GARDEN

Direkt auf der Stadtmauer in Mdina gibt es besonders leckeren Schokokuchen. Doch Achtung: lecker, aber auch sehr mächtig (www.fontanellateagarden.com.mt).

WALD

Etwa 2 km von Rabat entfernt befindet sich der von den Johanniterrittern im 16. Jhdt. als Jagdgrund angelegte einzige Wald auf der Insel. Perfekt für Spaziergänge unter Zitronenbäumen.

26 Palermo – eine Welt für sich!

Sehnsuchtsziel, aber auch eine Stadt der Kontraste

Palermo, die Hauptstadt Siziliens, ist einzigartig. Schönheit und Verfall, Reichtum und Armut, Kunst und Graffiti, blaues Meer und graue Häuser, Streetfood und historische Kaffeehäuser, alles vereint sich in dieser quirligen Stadt.

Sich zu entscheiden, ob man Palermo in diesem Buch in die Rubrik »Kulinarik« oder lieber unter »Kunst« oder aber »Historisch« einordnet, war nicht einfach. Alle drei Kategorien liegen in dieser Stadt hautnah beieinander. Das eine wäre ohne das andere nicht das, was Palermo ausmacht: eine unserer Lieblingsstädte, extrem vielseitig, laut, quirlig und lebendig, traditionsbewusst, modern und gleichzeitig Genuss pur! Dazu kommt das ganzjährig milde mediterrane Klima des Südens, alles in allem ein Ziel, das man einmal im Leben gesehen haben sollte.
Sizilien ist etwas größer als Hessen, die Hauptstadt Palermo liegt auf der Nordseite der Insel. Gut 700.000 Einwohner leben in der Metropole. Palermo besitzt eine lange und komplexe Geschichte, in der verschiedene Kulturen und Zivilisationen viele Spuren hinterlassen haben. Von den Phöniziern über die Römer, die Araber und die Normannen bis hin zu den spanischen Bourbonen – jedes dieser Völker hat seine eigene Historie mitgebracht und sich in der Architektur, der Kunst und der Kultur Palermos verewigt.
Während sich in vielen anderen Hafenstädten der Welt das Leben nah am Wasser abspielt, liegt Paler-

Tipp

MARE, MARE, MARE

Auch wenn Palermo keinen direkten Stadtstrand besitzt, ist es zu den nächstgelegenen Badestränden nur ein Katzensprung. Als Hausstrand gilt die Bucht von Mondello, kurz vor dem Capo Gallo, zu der eine Buslinie hinausfährt. Mit dem Zug entlang der Küste Richtung Nordwesten erreicht man die noch viel schönere Bucht von Balestrate und Castellammare del Golfo mit ihrem türkisfarbenen Wasser.

→ Die Kathedrale von Palermo wurde im 12. Jahrhundert erbaut, ihr Inneres ist erstaunlich schlicht und kostet übrigens keinen Eintritt.

mos Altstadt eher in zweiter Reihe. Wer also zuerst die Küstenlinie besucht, wird von Palermo womöglich enttäuscht sein. Es gibt keinen so richtig romantischen Fischerhafen oder einen idyllischen Stadtstrand. Ehrlichkeitshalber müsste man den sizilianischen Stadtplanern deutlich sagen, da wäre noch viel Luft nach oben. Aber das liegt wohl daran, dass es in Sizilien genügend traumhaft schöne Strände gibt, teilweise in Palermos Nähe, da muss es nicht direkt vor der Haustüre sein.

Kultur und Weltkunst

Man sollte sich also nicht entmutigen lassen und den Rundgang durch die Altstadt am besten westlich der großen Via Roma beginnen. Dort liegen alle wichtigen Sehenswürdigkeiten, und das sind nicht gerade wenig. Den Anfang macht die beeindruckende Kathedrale von Palermo. Dieses Meisterwerk der normannisch-arabischen Architektur ist ein Symbol für die kulturelle Vielfalt der Stadt. Bewundernswert sind die arabischen Bögen, die normannischen Türme und die später hinzugefügten barocken Verzierungen, die eine einzigartige Mischung der verschiedenen Stilrichtungen darstellen. In ihrem Inneren finden wir die Königsgräber, darunter auch von deutschen Kaisern: dem Staufer Heinrich VI. und seiner Frau, Königin Konstanze von Sizilien, sowie das prächtige und nach wie vor hochverehrte Grab von Friedrich II., vor dem immer wieder frische Blumen liegen.

Von dort aus begibt man sich zum Normannenpalast, auch »Palazzo Reale« genannt, der einstigen Residenz der Könige von Sizilien. Der Palast beherbergt die berühmte Cappella Palatina, die mit Mosaiken geschmückt ist. Sie sind ein eindrucksvolles Beispiel für die Verschmelzung von arabischer, by-

zantinischer und normannischer Kunst.
In entgegengesetzter Richtung geht es dann zum zentralen Platz der Altstadt, dem Quattro Canti an der Kreuzung der Hauptstraßen Corso Vittorio

»Palermo ist reizend, die am schönsten gelegene Stadt der Welt … in einem wunderschönen Tal zwischen zwei Meeren, Zitronenhainen und Orangengärten … so vollkommen.«

Johann Wolfgang von Goethe

Emanuele und Via Maqueda. Verblüffend ist die Symmetrie der Barockpaläste in den vier Ecken, verziert mit Brunnen und Statuen. Gleich daneben liegt die Piazza Pretoria. Umgeben von Palästen und zwei Kirchen ist das zentrale Element der riesige Brunnen. Und keine 50 Meter weiter folgt die Piazza Bellini mit den Kirchen San Cataldo und Santa Maria dell'Ammiraglio. Besonders der Kirche San Cataldo mit ihren drei halbkugelförmigen roten Kuppeln sieht man ihren arabisch-normannischen Stil noch deutlich an. Diese Stilrichtung, die manchmal auch als »Sizilianische Romanik« bezeichnet wird, ist ziemlich einzigartig und stammt aus der Zeit um 1100. Einige Gebäude dieser Epoche wurden 2015 von der UNESCO als Weltkulturerbe eingestuft.

← Die Dämmerung senkt sich über die Kirche San Cataldo auf der Piazza Bellini. Sie gehört zum UNESCO-Welterbe.
↗ An den Palazzo Reale schließt sich die grüne Oase der Villa Bonnano an.

Schmelztiegel und Genuss

Nach so viel Besichtigung ist es an der Zeit, sich in den Gassen und Stadtvierteln Palermos zu verlieren. Hier findet man die Kontraste. Arm und Reich liegen nah beieinander. Es gibt verwahrloste, richtig dreckige Gassen und gleich daneben liebevoll mit Blumen geschmückte Piazzettas. Wäsche flattert

über unseren Köpfen, hungrige Katzen streichen um unverputzte Hausecken. Palermo zeigt seine Kanten und Macken, und gleichzeitig ist die Stadt voller Charme und purem Leben.

Das zeigt sich vor allem auf den Märkten, die einen wichtigen Teil des städtischen Lebens ausmachen. Der bekannteste Markt ist der Mercato di Ballarò, der seit Jahrhunderten existiert. Er zieht sich durch eine lange Straße in der Nähe der Kirche Carmine Maggiore. Ein einzigartiges Schauspiel zwischen sich gegenseitig übertönenden Verkäufern, die in einem Singsang sizilianischen Dialektes ihre Waren anpreisen. Ihre Rufe erinnern an die Muezzins aus dem Mittleren Orient. Es gibt sogar einen eigenen italienischen Begriff dafür: »Abbaniate« nennt man die Marktschreier. Verführerisch sind Obst und Gemüse aufgebaut, daneben liegen Schwertfische und Muscheln. Gewürze wie in einem orientalischen Basar, Blumen und Tomatenpflanzen, Schokolade und Gebäck, das wie durch ein Wunder unter der sizilianischen Sonne nicht zu schmelzen scheint.

Dieser Markt ist ein Schmelztiegel der Aromen, Farben und Klänge Siziliens. Und es ist unglaublich: Fast alle Stadtviertel Palermos besitzen ihren eigenen Markt. Unweit der Via Sant'Agostino gibt es den Marcato del Capo. Außerdem ist der Vucciria-Markt besonders bekannt für seine Straßenstände, an denen traditionelle sizilianische Streetfood-Spezialitäten wie Arancini (frittierte und gefüllte Reisbällchen), Panelle (Fladen aus Kichererbsenmehl) und Cannoli (meist mit Sahne gefüllte Gebäckröllchen) angeboten werden. Hier mischen sich die Düfte von frisch zubereiteten Speisen mit dem Lachen und der Energie der Einheimischen. Nur Mut – man muss sich einfach durch die leckere Küche Siziliens durchprobieren, denn die wahre Seele der Stadt versteckt sich in den Gassen.

↖ Supermärkte findet man in der Altstadt kaum, den täglichen Bedarf deckt man auf den Märkten.
← Feinst verarbeitete Mandeln spielen eine große Rolle in Palermos Zuckerbäckerläden.
↗ Gut eine Stunde Fahrzeit trennt Palermo vom pittoresken Küstenort Castellammare del Golfo.

Info

KULTURGENUSS

Im Teatro Massimo, dem großen Opernhaus von Palermo, finden viele Veranstaltungen statt. Jahrelang war es wegen Renovierung geschlossen, die Gelder dafür versickerten in dunklen Kanälen. Jetzt ist es wieder geöffnet, und ein Besuch lohnt sich.

MONREALE

Südlich von Palermo steht auf dem Monte Caputo die normannische Kathedrale von Monreale. Sie ist berühmt für ihre Mosaiken und den herrlichen Kreuzgang. Aus Palermo fahren Busse dorthin.

ANREISE

Aus Deutschland erreicht man mit einem Direktflug in 2 bis 2,5 Stunden Palermo. Vom Flughafen fahren diverse Busse und ein Zug in das Zentrum.

www.turismo.comune.palermo.it

27 Zeitreise Matera

Wo Geschichte in Stein gemeißelt ist

Bis zum Horizont erstreckt sich die sandsteinfarbene Stadt. Würde hier jemand behaupten, er sei im Jerusalem zu Jesu Zeiten geboren – man würde es glauben. Matera wurde einst aus den Felsen gegraben und ist eine Stadt wie keine andere.

Matera liegt rund 200 Kilometer östlich von Neapel in der noch vom Massentourismus verschonten süditalienischen Region Basilikata. Im Jahr 2019 war die Höhlenstadt Europäische Kulturhauptstadt. Bis dahin war es ein langer Weg. Schon vor 9000 Jahren, in der Jungsteinzeit, siedelten Menschen in der Schlucht. Im Jahr 251 v. Chr. gründete der römische Konsul Lucius Caecilius Metellus die Stadt als Matheola. Historisch war das Jahr 938 einschneidend, als Sarazenen den Ort verwüsteten. 1043 kam Matera dann unter normannische Herrschaft und wurde Königssitz. Es folgte eine Blütezeit, in der Matera zu großem Reichtum kam und immer wieder Begierde auslöste. Im Laufe der Jahrhunderte grub man immer wieder Höhlen direkt in den weichen Sand- und Tuffstein. Neben- und übereinander entstand auf diese Weise eine ganze Stadt, die wie ein Wespennest am Felsen klebt.

Der historische Teil von Matera ist in die Stadtviertel Sasso Barisano und Sasso Caveoso aufgeteilt, mit 3000 Wohnungen, 160 Kirchen, Plätzen, Treppen und Straßen, die teils über Dächer führen. Ein Labyrinth aus Stein. Die sogenannten Sassi, was nicht mehr als »Steine« bedeutet, haben sich bis heute kaum verändert. Ein Besuch in Matera ist also immer auch eine

← Matera ist eine Stadt in der Kategorie »Muss man gesehen haben«. Diese Atmosphäre kann man nicht erklären, man muss sie spüren.

Tipp

KATHEDRALE DES WASSERS

Bei einer Führung in die Zisterne Palombaro Lungo am Piazza Vittorio Veneto geht es unter die Erde. Das Netz des unterirdischen Wasserreservoirs war mit ein Grund für die Ernennung des Welterbetitels. Die größte Zisterne wurde im 16. Jahrhundert angelegt und später ausgebaut. Fassungsvermögen: 5.000.000 l Wasser.

Zeitreise, denn hier ist die Geschichte der Menschen buchstäblich in Stein gemeißelt.

»Matera ist die Stadt, die die größten und tiefsten Emotionen hervorruft, die ich jemals in meinem Leben erlebt habe.«

Mel Gibson

Als die Sassi in der neueren Zeit langsam, aber sicher zu klein wurden, entstand der neue Teil Materas. In den alten Wohnhöhlen blieben vor allem die, die sich die modernen Wohnungen mit allen Annehmlichkeiten wie Strom und Wasser nicht leisten konnten. Die Sassi verfielen zusehends, die zurückgebliebenen Bewohner hausten unter miserablen Umständen. Die Sassi di Matera wurden in ganz Italien zum Inbegriff des Missstands. Die Menschen lebten bis weit in die 1950er-Jahre unter katastrophalen hygienischen Umständen nicht anders als im Mittelalter. Malaria, Cholera und Läuse quälten die ganze Bevölkerung, bis die Offiziellen der Stadt die Notbremse zogen: Die Sassi wurden zwangsgeräumt und die Bewohner in die neuen Stadtteile umgesiedelt.
Die Altstadt wurde zur Geisterstadt, doch die Anziehungskraft blieb. Es dauerte bis in die 1980er-Jahre, bis man den kulturhistorischen Wert erkannte und

Geld für die Restaurierung locker machte. Mit Erfolg: Im Jahr 1993 wurde Matera zum Weltkulturerbe ernannt und die Stadt für den Tourismus interessant. Museen, Schauwohnungen und Führungen geben heute einen Einblick in das Alltagsleben in den Höhlenwohnungen. In der Casa Grotta nei Sassi kann man sich umschauen. Feuerstelle, Stall, Keller und Schlafstätte liegen direkt nebeneinander. Beeindruckend sind auch die reichen Malereien in den Felsenkirchen, etwa die Fresken in der Chiesa di Santa Lucia alle Malve. Prominent über den Häusern thront die Kirche Santa Maria de Idris. Von hier oben blickt man in die karge Landschaft der verwinkelten Schlucht. Neben der Kirche befand sich einst der Friedhof Cimitero Barbarico. Genau an dieser Stelle drehte Mel Gibson die Kreuzigungsszene seines Kinoerfolgs »Die Passion Christi«. Und wer an diesem Fleckchen steht, wundert sich nicht über die Wahl des Drehortes. Die Zeit scheint hier schon vor 2000 Jahren den Pausenknopf gedrückt zu haben. In Matera findet man nicht wirklich Sehenswürdigkeiten, und so geht man beim Erkunden am besten einfach der Nase nach. Bequeme Schuhe sind dabei von Vorteil. Man steigt steile Treppen hoch und wieder runter, nur um nach der nächsten Ecke erneut aufwärts zu gehen. Der Spaziergang durch Matera gleicht einem Lauf durch einen Irrgarten, doch immer ist der Weg das Ziel. Dabei kommt man aus dem Staunen nicht heraus. Auf den Mauern sitzen Katzen, Kakteen stehen neben den Haustüren, Wäsche an den Leinen – das alles sorgt für perfekte Postkartenmotive. Dennoch die Pausen nicht vergessen! Bei einem Kaffee, Tee oder Spritz hat man Zeit zum Durchatmen und Umherschauen.

↙ Das Heiligtum von Santa Maria de Idris ist in den Felsen gegraben – in Matera ganz normal.
↑ Die Katzen halten gerne als Fotomotiv her.

Info

AGRIRISTORIES

Das Restaurant verfolgt einen konsequent lokalen Anspruch. Dabei kommen wenige, aber qualitativ hochwertige Zutaten aus der Region auf den Tisch. Unbedingt probieren: Peperoni Cruschi, zuerst getrocknete, dann frittierte rote Peperoni (www.agriristories.com).

UNTERKUNFT

Eine Unterkunft direkt in den Sassi ist ein Muss! Familiengeführte B&Bs vermitteln gemütlichen Höhlencharme mit, glücklicherweise, mehr Komfort als einst. Bei Airbnb gibt es eine gute Auswahl.

JAMES BOND

Der passende Film für die Vorbereitung ist von der Stimmung vielleicht weniger Passion Christi, sondern eher James Bond. In »Keine Zeit zu sterben« ist Matera mehr als eine nette Hintergrundkulisse.

ANREISE

Per Bus geht es von Bari aus oder ab Neapel mit den öffentlichen Verkehrsmitteln nach Matera.

28 Chioggia, das andere Venedig

Auszeit in der Lagune

Es ist eindeutig: Venedig, »la Serenissima«, ist einer der schönsten Plätze der Welt. Aber diese Stadt zählt bei den meisten von uns zu den Orten, die man schon einmal besucht hat. Wer jedoch vom Flair Venedigs nicht genug haben kann und eine Alternative dazu sucht, der sollte nach Chioggia reisen.

Auch Chioggia liegt in der Lagune von Venedig an der italienischen Adriaküste. Die kleine Stadt ist auf einer Insel erbaut worden, die mittels Brücke mit dem Festland verbunden ist. Dabei ist der Ort in drei Teile gesplittet. Es gibt den großen Hafenbereich auf der Innenseite der Lagune. Dazu kommt der Stadtteil Sottomarina, der zur Adria hin liegt und mit einem elf Kilometer langen goldenen Sandstrand glänzt. Der malerischste Ortsteil ist jedoch ohne Zweifel die Altstadt von Chioggia, die wiederum auf einer eigenen Insel liegt. Sie erinnert wirklich an Venedig, aber natürlich nur in einem winzig kleinen Format. Gerade einmal drei Kanäle durchziehen die engen Häuserreihen. Von der Hauptstraße, dem Corso Popolo, zweigen jedoch ebenso unzählig viele kleine Gassen, sogenannte Calle ab, dass man sich in dem verschachtelten Häusergewirr genauso verlieren kann wie im großen Pendant Venedig.

Chioggia ist eine Stadt mit langer Geschichte, die in weiten Teilen eng mit der von Venedig verknüpft ist. Im Mittelalter diente Chioggia als deren strategischer Außenposten. Die Stadt spielte eine wichtige Rolle im Handel zwischen dem Osten und dem Westen und war bekannt für ihre florierende Fischerei. Im 13. Jahrhundert wurde Chioggia zum Spielball im Konflikt zwischen Venedig und Genua. Darin verwickelt, wurde die Stadt im Chioggia-Krieg belagert und zunächst von den genuesischen Streitkräften erobert. Mithilfe Venedigs gelang die Befreiung. Im Laufe der Jahrhunderte überstand die bunte Hafenstadt verschiedene politische und wirtschaftliche Systeme.

Chioggia erobert man heute am besten zu Fuß. Unbedingt besuchen sollte man die Kathedrale Santa Maria Assunta aus dem 11. Jahrhundert mit ihrer prächtigen Fassade und ihrem Glockenturm. Neben dem bekannten Fischmarkt und den Kanälen ist die Ponte di Vigo, die von venezianischen Löwen bewacht wird, ein beliebtes Fotomotiv. Die Altstadt ist nicht groß. Wer es darauf anlegt, könnte alles in einem Tag schaffen, aber dann verpasst man die schönen Abendstunden an den Kanälen oder den Badetag am Meer. Um die Strände von der Altstadt aus anzusteuern, nimmt man den Bus oder leiht sich ein Fahrrad aus. Das ist übrigens eine tolle Idee, denn es führen unzählige Radwege entlang der Lagune immer nahe am Wasser bis ins Mündungsgebiet der Etsch. Ein guter Grund, länger zu bleiben!

← Die Basilica minore di San Giacomo Apostolo spiegelt sich in der Dämmerung im Canale Vena von Chioggia.

Info

MARKTTAG

Chioggia ist für seinen Fischmarkt bekannt. Dementsprechend gibt es in der Altstadt viele sehr gute Fischrestaurants. Jeden Donnerstag findet der große Markt an 30 Stationen statt, zu dem halb Venedig anreist. Praktischerweise ohne Verkehrsprobleme, denn es gibt eine Schiffsverbindung hinüber zur »Serenissima«. Ideal kann man diese auch in umgekehrter Richtung nutzen und von Chioggia aus entspannt nach Venedig gondeln.

PELLESTRINA

Chioggias nächstgelegene Insel in der Lagune von Venedig ist Pellestrina. Einst ein völlige einsames Fischernest, setzt heute der Tourismus ein. Die Murazzi, eine historische Mauer gegen das Hochwasser und die Fluten aus dem Meer, ist eine der Attraktionen.

ANREISE

Chioggia erreicht man über Venedig am besten mit dem Bus.

www.visitchioggia.com

667
666

Auf der Insel Pellestrina sind im Sommer meist mehr Fahrräder als Autos unterwegs. Von Chioggia setzt man mit der Fähre auf die lange, aber sehr schmale Insel über.

29 Asti und das fantastische Monferrato

So schmeckt's am Fuße der Berge

Was gibt es Schöneres, als Land und Leute beim Essen und Trinken kennenzulernen? – Vor allem bei der ausgezeichneten Küche und den feinen Weinen im italienischen Piemont.

Piemont, die Region am Fuße der Berge, ist die versteckte Schönheit Italiens. Alle berühmten Italienreisenden wie Hesse, Dickens, Hemingway und sogar Goethe sind bis Sizilien vorgedrungen und haben Lobeshymnen geschrieben. Nur das Piemont, das ganz im Nordwesten Italiens liegt, haben sie auf ihrem Weg in den Süden rechts liegen lassen. Definitiv ein Fehler! Aber vielleicht auch nicht. Denn diese Missachtung entpuppt sich heute als Segen, hier ist es deutlich weniger überlaufen als in anderen Regionen Italiens.

Das Piemont lässt sich im Norden mit dem Lago Maggiore und der Poebene sowie nach Frankreich hin mit den Bergtälern des Westalpenbogens aufteilen. Im Süden schließt sich das Hügelland Roero, Langhe und Monferrato an. Dort hat die Natur ihr Füllhorn besonders verschwenderisch ausgeschüttet.

Tipp

PIEMONT-KIRSCHE

Übrigens, die berühmte Piemont-Kirsche aus der deutschen Fernsehwerbung sucht man hier vergebens, die kennt man im ganzen Piemont nicht, denn sie ist eine Werbeerfindung der Produzenten. Die Firma Ferrero hat jedoch ihren Stammsitz im Piemont nahe der Stadt Alba, leider ohne Werksverkauf.

Geburtsort der Slow-Food-Bewegung

Während man die Langhe wegen ihrer weltbekannten Weinsorten Barolo und Barbaresco noch kennen könnte, sind das Roero und das Monferrato für viele terrae incognitae. Monferrato, früher eine Grafschaft,

→ Der herbstliche Morgennebel sorgt für ausreichend Feuchtigkeit zwischen den endlosen Reihen der Rebstöcke, die sich über das hügelige Land bei Costigliole d'Asti ziehen.

»Wein ist Poesie in Flaschen.«

Robert Louis Stevenson

ist kein echter geografischer oder politischer Begriff. Vielmehr wird die Gegend rund um die Stadt Asti damit bezeichnet. Eine sanft gewellte Hügellandschaft, bekrönt von vielen Burgen, versehen mit romanischen Kirchen und bewachsen mit zahllosen Weinreben. Nicht alle liefern die Muskatellertraube für den süßen Asti Spumante. Im Monferrato werden auch seltene Weine wie der Ruchè oder der Grignolino kultiviert. Dazu gesellt sich eine fantastische Küche. Kein Wunder: Das Piemont ist der Ursprung der Slow-Food-Bewegung. Spezialitäten gibt es zuhauf. Antipasti spielen eine große Rolle in jedem Menü: Carne Crudo, Vitello Tonnato oder Soufflés samt Fondutasoße, das ist eine schaumig geschlagene Käsecreme. Als »Primo« folgt gerne ein Risotto, denn Reisanbau wird in der Poebene betrieben. Es gibt diverse Sorten an Eiernudeln wie Taglierini oder Agnolotti al plin, die Soßen variieren je nach Jahreszeit. Als Hauptgang schmecken Bagna cauda, dabei wird Gemüse in eine warme Soße aus Olivenöl, Sardellen und Knoblauch getunkt. Vom Feinsten ist auch ein Brasato al Barolo, ein lang geschmorter Rinderbraten, dessen Soße selbsterklärend ist. Ein dunkler Schokoladenpudding (»Bunet«), verschiedene Torrone-Sorten, Gianduiotti – geschichteter Nougat – oder die Kekse Baci di Dama beenden das Mahl. Die Dolci werden gerne mit Haselnüssen zubereitet, denn diese wachsen oft neben dem Wein.
Wer sich gerne durch das ganze kulinarische, geschmackvolle Schlaraffenland arbeiten möchte, besucht am besten einen der vielen Märkte, die es immer wieder im Laufe des Jahres gibt. So findet Anfang September in der Stadt Asti das Festival delle Sagre statt – ein Jahrmarkt für Genießer, den die Piemontesen gerne als »das größte Restaurant Italiens« bezeichnen. Auf der Piazza Alfieri werden Marktstände aufgebaut. Darin kochen und servieren die »Pro Loci«, die Dorfvereine der umliegenden Gemeinden, piemontesische Produkte und Gerichte. Zum »Primo« gesellt sich immer ein »Secondo« oder ein »Dolce«. Bei 40 Marktbuden kommen schon mal 80 kulinarische Höhepunkte zusammen, ganz abgesehen vom hervorragenden Wein, der dazu kredenzt wird. Bei Kosten zwischen zwei bis zehn Euro pro Gericht holt sich jeder Gast, was ihm schmeckt. Ge-

← Zum Festival delle Sagre gehört auch ein historischer Umzug durch die Stadt, bei dem sich natürlich viel um Wein dreht.
↗ Nur in Jahren mit genügend feuchtem Wetter erreichen die Weißen Trüffel eine stattliche Größe.

gessen wird gemeinsam an langen Tischen, vorausgesetzt, man ergattert einen Platz!
Ebenso beeindruckend, wenn auch nicht ganz so groß, sind die Trüffelmärkte im Spätherbst. Beliebt ist der Mercato di Tartufo von Moncalvo, nördlich von Asti. Auch hier gibt es jede Menge Gerichte zum sofortigen Verzehr oder Spezialitäten, die man mit nach Hause nehmen kann: frische Nüsse, unzählige Käse- und Salamisorten, Kürbisse, Pilze und natürlich die Trüffel. Darunter der Weiße Trüffel, der Tartufo d'Alba, der jedoch nicht aus der nahen Stadt Alba stammt, sondern überall im Piemont gefunden werden kann. Übrigens ein heikles Thema, unter den Astigiani. Denn zwischen den Städten Asti und Alba gab es schon immer einen Konkurrenzkampf, der heute vor allem mit touristischen Angeboten und Zahlen ausgetragen wird. Aber der Pilz heißt nun einmal Tartufo d'Alba, wobei »Alba« für die Farbe Weiß steht, auch wenn das viele Touristen nicht wissen. Wissen sollte man, dass die Preise für Weiße Trüffel exorbitant hoch sind. Insbesondere in Restaurants sollte man vorsichtig sein, wenn man gefragt wird, ob man seine Gerichte mit Trüffel haben möchte. Der Luxuspilz wird grammweise über das Essen gehobelt und auch als solches auf die Rechnung gesetzt. Ein Hochgenuss ist das sicherlich, aber es ist nicht allein der Trüffel, der die gute Küche beeinflusst. Vielmehr sind es die vielen bodenständigen und zum Teil einfachen Zutaten, mit denen man es im Monferrato versteht, Geschmackvolles auf die Teller zu zaubern.

Info

UNESCO

Südlich von Asti gehören im Weinort Canelli die »unterirdischen Kathedralen« zum UNESCO-Weltkulturerbe. Sie wurden vor mehr als 200 Jahren als Labyrinth von Gängen unter die Stadt gegraben. In diesen Weinkellern wird Wein zu Spumante verwandelt. Vier große Spumante-Hersteller – Contratto, Gancia, Bosca und Coppo – bieten Führungen an.

MEHR FESTIVALS

Zum Festival delle Sagre gehört ein großer Umzug, der das bäuerliche Leben aus dem letzten Jahrhundert zeigt. Es lohnt sich aber auch, schon eine Woche früher anzureisen, denn dann findet neben der Weinmesse Douja d'Or der Palio d'Asti statt: eines der berühmtesten Pferderennen Italiens mit einem riesigen mittelalterlichen Umzug.

ANREISE

Man erreicht Asti im Piemont per Bahn via Mailand und Turin. Mit dem Auto am besten über die Schweiz oder Verona und Piacenza.

www.visit.asti.it und www.visitlmr.it

30 Wandern zwischen Palmen und Bergen

Immer wieder überraschend – Sisis Kurstadt

Der Besuch von Meran, der Kurstadt, in die sich schon Kaiserin Sisi verliebt hat, gehört zu den Höhepunkten einer Südtirol-Reise. Wochenlang könnte man hier verweilen und die Bergwelt der Umgebung erwandern, aber auch mit dem Fahrrad lässt sich jede Menge entdecken.

In Meran wird jeder glücklich: sportlich Aktive Urlauber sowieso, andererseits gibt es jede Menge zu besichtigen wie die wunderschöne Altstadt mit ihren Promenaden, den historischen Kurhäusern und den Laubengängen.

Natürlich lockt auch die köstliche Küche Südtirols, dazu kommt der gute Wein genauso wie die entspannenden Kurbäder in der Meraner Therme. Doch vor allem lässt es sich von Meran aus gut wandern. Nirgendwo anders kommen sich Palmen und schneebedeckte Gipfel so nahe wie hier. Mit dieser traumhaften Kulisse können auch Urlauber, die keine Bergerfahrung haben, auf unzähligen Wanderwegen rund um Meran glücklich werden.

← Vom Tappeinerweg, der durch eine kunstvoll angelegte Parklandschaft führt, genießt man einen herrlichen Blick über Meran und die nahen Berge.

Waalwege – eine echte Besonderheit

Dazu bieten sich vor allem die Waalwege an, eine Besonderheit aus dieser Gegend. Der Begriff »Waal« hat natürlich nichts mit dem berühmten Säugetier im Meer zu tun. Man vermutet, dass der Name vom lateinischen Wort »aqua« für Wasser stammt, beziehungsweise von »aqualis«, was nichts anderes als »Wasserlauf« bedeutet. Denn genau das ist ein Waal: ein künstlich angelegter Graben, über den Wasser aus einem Bach oft kilometerweit an Stellen geleitet wird, an denen es zur Bewässerung der Felder dringend benötigt wird. Die Gegend rund um Meran und hinauf ins benachbarte Vinschgau ist sehr trocken. Deshalb war und ist bis heute das ausgeklügelte Wassermanagementsystem wichtig, das schon seit Hunderten von Jahren besteht. Früher sorgte ein extra angestellter Waaler für die gerechte Verteilung des Wassers und für die einwandfreie Funktion der offenen Rinnen. Er musste täglich den Waal abgehen und kontrollieren. Dafür wurden Waalwege angelegt. Genau

Tipp

KAISERLICHER AUFSTIEG

Ihren Ruhm als Kur- und Urlaubsort von Weltrang hat Meran der Kaiserin Sisi zu verdanken, die hier in den 1870er-Jahren zweimal den Winter verbrachte. Damals wollte die ganze Welt in dem Kurort verweilen, wo sich die Crème de la Crème der Königshäuser aufhielt. Der Charme der österreichischen K.-u.-k.-Monarchie ist heute überall noch zu spüren. Bis 1914 war Meran die erste Kurstadt des Kaiserreiches, eine Blüte, die jäh mit dem Ausgang des Ersten Weltkriegs endete. Erst gut 50 Jahre später begann durch geschickte Investitionen und gelungenes Marketing ein erneuter Aufstieg zu einem Zentrum des modernen Tourismus.

solche, wie man sie heute nur allzu gerne für Wanderungen benutzt. Sie verlaufen meist eben entlang des Hanges. Dabei genießt man herrliche Aussichten, und über weite Strecken begleitet einen das sanfte Plätschern des Wassers. In der Umgebung von Meran gibt es einige dieser Wege, einer schöner als der andere. Sehr zu empfehlen sind der Schenner, der Maiser, der Marlinger, der Tschermser, der Algunder oder der Kuenser Waalweg.

Aber natürlich lassen sich von Meran aus auch jede Menge richtig hohe Gipfel erobern. Als Hausberg gilt der Ifinger, zu dem auch ein Lift hinaufführt. Nordwestlich der Stadt grenzt die Texelgruppe mit ihren über 3000 Meter hohen Felsspitzen an die Stadt. Der Gebirgszug ist ein Ausläufer der Ötztaler Alpen und erlaubt Touren unterschiedlichster Schwierigkeitsgrade, dafür braucht es aber alpine Erfahrungen. Leichter ist da eine Bergtour auf das südlich gelegene Vigiljoch, wo sich die Aussicht mit Almgenuss vereint.

Doch ebenso werden Fans des Zweiradsports werden ihre Freude an Meran haben. Sehr beliebt ist die Radtour, bei der man sich samt Fahrrad in der Früh mit dem Zug ins obere Vinschgau begibt. Ab dort gibt der Fluss Etsch den Weg vor, und man folgt stets dem gleichnamigen Radweg meist bergab nach Meran zurück. Herrlich ist es aber auch, durch die vielen Apfelhaine zu radeln, die sich zwischen Meran und Bozen erstrecken. Die Hauptstadt der Provinz ist gerade einmal 33 Kilometer entfernt, hin und zurück muss man damit 66 Kilometer pedalieren. Aber natürlich lohnt Bozen einen Besuch, wobei bereits auf dem Wege einige wunderschöne Dörfer wie Burgstall oder Terlan liegen. Sehr zu empfehlen ist übrigens auch der Radweg nach St. Leonhard im urigen Passeiertal zum Geburtshaus von Andreas Hofer, dem Süd-

↗ Das Meraner Kurhaus an der Passerpromenade ist zu einem Wahrzeichen Merans geworden.
← Entlang eines Waalwegs wandert man meist erfrischt und munter, was natürlich auch am stetig begleitenden Wasserlauf liegt.

tiroler Volkshelden, der als Freiheitskämpfer wie kein anderer Südtiroler in die Geschichte des Landes eingegangen ist.

»Der Sinn des Reisens ist es, an ein Ziel zu kommen, der Sinn des Wanderns ist es, unterwegs zu sein.«

Theodor Heuss

Nach einer anstrengenden Wanderung oder Radtour lockt dann zum Finale die moderne Therme Meran mit ihren Spa- und Wellnessbereichen. Sie wurde 2005 vom Südtiroler Stararchitekten Matteo Thun entworfen. Das wohltuende Thermalwasser in den 25 In- und Outdoor-Pools lockert müde Muskeln, sodass man am nächsten Tag erfrischt und entspannt zu neuen Abenteuern aufbrechen kann.

Info

MERANER HÖHENWEG

Eine ganz besondere Wandertour führt über den Meraner Höhenweg. Für diesen berühmten Weitwanderweg sollte man zwischen fünf und acht Tagesetappen veranschlagen. Er führt einmal um die ganze Texelgruppe.

NACHHALTIG

In Meran gibt es viele Gäste- und Vorteilskarten, die man entweder in der Touristinfo erwerben kann oder die in bestimmten Beherbergungsbetrieben inkludiert sind. Sie ermöglichen Vergünstigungen und vor allem freie Fahrten im öffentlichen Nahverkehr.

ANREISE

Meran erreicht man mit dem Zug über den Brenner. Es gibt aber auch viele direkte Busverbindungen, etwa aus der bayerischen Landeshauptstadt München oder dem tirolerischen Innsbruck.

www.merano-suedtirol.it

31 Festungsstadt Šibenik

Eine Stadt für die nationale Identität

Zwischen Split und Zadar geht Šibenik manchmal unter. Dabei gibt es mit vier Festungen, 249 Inseln und zwei UNESCO-Weltkulturerbestätten mehr als genug Gründe, um die Stadt in der Region Dalmatien genauer unter die Lupe zu nehmen.

Šibenik ist eine der größten Städte Dalmatiens und mit ihrer rund 1000-jährigen Geschichte einer der jüngeren Orte an der Adria. Šibenik hat im Vergleich zu anderen Städten der Region nämlich keine jahrtausendealte Wurzeln, die bis in die Antike reichen. Für das Land Kroatien ist sie aber gleichzeitig eine der ältesten Städte. Wie das geht? Im Gegensatz zu anderen Orten, die von Illyrern, Venezianern oder anderen gegründet wurden, verdankt Šibenik seine Gründung Kroaten. Die erste urkundliche Erwähnung fand im Jahr 1066 durch den damaligen König Petar Krešimir IV. statt. Ausgehend von der Festung St. Michael auf einem Hügel breitete sich das heutige Šibenik aus.

Im 15. Jahrhundert spielte die Stadt eine wichtige Rolle als Handelszentrum. In dieser Zeit begann man auch mit dem Bau der Kathedrale des Heiligen Jakob. Im 16. Jahrhundert geriet Šibenik dann aber unter die Kontrolle der Venezianer und wurde im 19. Jahrhundert Teil des österreichisch-ungarischen Reiches, später von Jugoslawien. Um die Geschichte von Šibenik hautnah zu erleben, sollte man einen Spaziergang durch die kopfsteingepflasterten engen Gassen der Altstadt machen und historische Gebäude wie die St.-Jakobs-Kathedrale und das Fort von St. Nikolaus besichtigen, die beide zum UNESCO-Weltkulturerbe zählen.

Die Kathedrale des Heiligen Jakob (Katedrala svetog Jakova) ist ein Meisterwerk der Renaissance-Architektur. Der markante Bau aus Marmor und Kalkstein ist das Wahrzeichen der Stadt und die riesige Kuppel von Weitem zu sehen. Die malerische Mittelalterstadt ist umgeben von vier Festungen, die im Laufe der Geschichte errichtet wurden, um die Stadt vor Angriffen zu schützen. Das Fort St. Nikolaus wurde im 16. Jahrhundert erbaut und befindet sich auf einer kleinen Insel vor der Küste von Šibenik. Es ist nicht nur ein beeindruckendes Beispiel für die Militärarchitektur der Renaissance, sondern bietet zudem einen atemberaubenden Panoramablick auf die umliegende Landschaft.

Doch auch die anderen Festungen sind sehenswert. Von allen vieren hat man grandiose Aussichten auf die Stadt und das Meer mit seinen unzähligen kleinen Inseln. Die bekannteste Festung ist St. Michael, da sie besonders schnell vom Hauptplatz Trg Repu-

← In den Gassen der Stadt geht es romantisch zu.
↗ Visovac wird auch Muttergottesinsel genannt.

Tipp

INSEL DER MÖNCHE

Visovac ist eine kleine Insel im Nationalpark Krka, auf der sich ein Franziskanerkloster aus dem 15. Jahrhundert befindet. Besucher können das Kloster besichtigen, die wunderschöne Architektur bewundern und sich das Leben im Kloster zeigen lassen.

blike Hrvatske zu Fuß erreichen ist. Hier finden im Sommer auch immer wieder Konzerte auf der Freilichtbühne statt. Ein Blick ins Programm lohnt sich. Die Festung Barone wiederum ist vor allem bei Besuchern mit Kindern beliebt. Das Fort beherbergt ein modernes Museum, das mit Augmented Reality die Vergangenheit lebendig macht und mit einem Kinderspielplatz punktet.
Was Šibenik neben seiner Geschichte und der hübschen Altstadt besonders macht, ist die Lage. Sage und schreibe 249 kleine Inselchen bilden das Archipel, von denen nur sechs besiedelt sind. Neben Bootstouren oder Ausflügen mit dem Kajak sind Segeltouren eine hervorragende Möglichkeit, um die Natur zu erleben. Šibenik ist nämlich ein echtes Segelparadies, und so kann man bei einem Segeltrip die grandiose Stadt mit der Natur verbinden. Eine der schönsten Routen führt vom Nationalpark Kornati durch den Kanal von St. Ante bis nach Šibenik und dann weiter bis zum Nationalpark Krka. Interessanter Side-Fact: Šibenik war eine der ersten Städte in Kroatien, die mit elektrischem Strom versorgt wurden. Das von Nikola Tesla konstruierte Wechselstrom-Kraftwerk auf der Krka in Skradinski Buk brachte den Strom in die Leitungen. Doch auch ohne Segel zu setzen, ist der Besuch des Nationalparks Krka eine gute Idee – entweder individuell oder im Rahmen eines geführten Ausflugs. Von Šibenik aus erreicht man ihn in weniger als einer Stunde und schon ist man mittendrin im Naturparadies. Der Park ist bekannt für seine türkisfarbenen Wasserfälle, die in sanften Kaskaden hinabstürzen und durch die bewaldete Landschaft schlängeln. Die Pfade sind von üppigen grünen Wäldern und strahlend blauen Seen umgeben, die von malerischen kleinen Inselchen durchzogen sind.

»Šibenik ist wie ein Juwel, das noch nicht von Touristen überlaufen ist und seinen unverfälschten Charme bewahrt hat.«

unbekannt

← Nicht nur als Ausgangspunkt für Schiffstouren, auch der Altstadtbummel lohnt sich in Šibenik.
↗ Der Nationalpark Krka lockt mit imposanten Wasserfällen.

Info

STRAND

Der Kiesstrand Banj ist der perfekte Ort, um im Zentrum von Šibenik die Sonne und das kristallklare Wasser zu genießen. Hier gibt es eine entspannte Atmosphäre mit Strandbar. Ideal für eine Pause vom Sightseeing.

RESTAURANT

Das Restaurant Galbiani serviert mediterrane Küche in luftiger Höhe. Die Karte ist angenehm übersichtlich und hat auch Salate, Pasta oder Risotto für Vegetarier und Veganer in petto (restaurant-galbiani.com).

ANREISE

Eine Reise nach Šibenik lässt sich wunderbar mit einem Roadtrip an der Küste entlang vereinen und mit Split und Zadar kombinieren. Züge von Split verkehren über Perković nach Šibenik. Nach Zadar geht es mit dem FlixBus in 1,5 Std.

32 Vielfältiges Sarajevo

Ein Schmelztiegel aus Kulturen, Geschichte und Sport

Sarajevo – bei diesem Namen ploppen Assoziationen auf, die mit Krieg und Leid verbunden sind. Neben der tragischen Geschichte ist Sarajevo aber auch ein friedliches Miteinander aller Religionen, ein Mix aus alt und neu – und ein echter Geheimtipp in Sachen Städtetrip.

Schon mehrmals war die Hauptstadt von Bosnien-Herzegowina Schauplatz des Schreckens. Hier fand das Attentat auf Erzherzog Franz Ferdinand statt, das schließlich im Ersten Weltkrieg gipfelte. In der Altstadt brennt die ewige Flamme für die zivilen Opfer des Zweiten Weltkriegs, und wer auf den Boden schaut, wird immer wieder über rote Flecken stolpern, die mal mehr, mal weniger verblasst sind. Die sogenannten Rosen von Sarajevo markieren Stellen, an denen Bomben im Bosnienkrieg einschlugen und Menschen töteten. Museen widmen sich diesem dunklen Kapitel der jüngeren Geschichte. Häuserruinen an den Straßen, Einschusslöcher in den Häuserwänden und mahnende Murals an den Mauern – den Spuren des Krieges begegnet man in Sarajevo tagtäglich an jeder Ecke. Doch Sarajevo ist mehr als dieser Teil seiner Geschichte. Wir tauchen ein in eine Stadt, die ihresgleichen sucht, und werden dabei ziemlich aktiv, denn eingekesselt zwischen Bergen geht es zwangsläufig immer irgendwann bergauf – und das gerne ziemlich steil.

Das Jerusalem Europas

Der Name Baščaršija bezeichnet streng genommen nur den zentralen Platz in der Altstadt, eigentlich meint man damit aber das gesamte osmanische Marktviertel. In den alten Gassen rund um den Marktplatz wurden früher nach Gilden aufgeteilt die Waren an die Bürger gebracht. Heute werden in der einstigen Schuhmachergasse, der Bäckergasse und so weiter der typisch bosnische Kaffee serviert und Mitbringsel an Besucher verkauft. Wer durch die Altstadt flaniert, sieht, wo Ost und West ineinanderübergehen. Wo am Anfang einer Straße noch die kleinen osmanischen Basarhäuser stehen, reihen sich eine Kreuzung weiter herrschaftliche Bauten aus der österreichisch-ungarischen Zeit nebeneinander. Moscheen, Kirchen und Synagoge liegen nur einen Steinwurf voneinander entfernt. Junge Mäd-

→ Sarajevo erstreckt sich bis in die umliegenden Berge. Da kann man aus der Puste kommen – oder nimmt die Seilbahn.

chen mit Minirock und welche mit Hijab laufen lachend zusammen durch die Straßen. Die Eindrücke, die man hier aufsaugt, sind vielfältig und die Atmosphäre in der Stadt pulsierend.
Beim Erkunden führt der Weg vorbei an der Gazi-Husrev-Beg-Moschee zu einer alten Karawanserei, in der früher Reisende samt Vieh und Handelswaren übernachten konnten. Auf kleinen Stühlen, die an den Häuserwänden stehen, sitzen Männer und Frauen und schlürfen Kaffee. Auf dem Marktplatz flattern die Tauben auf die Dächer. Ein Tipp nicht nur für heiße Sommertage: Wer eine Flasche mitbringt, kann sich an den zahlreichen Brunnen der Stadt, etwa am Marktplatz oder den Moscheen, immer wieder Wasser auffüllen. Doch aufgepasst: Ein Sprichwort besagt, dass jeder Reisende, der aus einem Brunnen der Stadt trinkt, wieder nach Sarajevo zurückkehren wird. Und das ist ziemlich wahrscheinlich, denn dem Sog dieser einzigartigen Stadt, kann man sich nur schwer entziehen.
Nach einer ersten Sightseeingrunde durch die Altstadt lohnt es sich, die Kreise weiter zu ziehen. Wandern in der Stadt klingt erst einmal seltsam, doch in Sarajevo lässt sich eine knackige Wanderung ideal mit einem Bummel durch die Viertel der Stadt verbinden. Beim Urban Hiking, einer Tour von .Cheyf (cheyf.ba), geht es durch die alten Nachbarschaften der Stadt, Mahalas genannt, steil nach oben. Vorbei an Wäscheleinen und Gemüsegärten muss man öfter mal innehalten, um zu verschnaufen, und kann dabei schon die Aussicht genießen. Dazu gibt es Geschichten und Erzählungen aus erster Hand, nämlich aus der Sicht der Bewohner. Klar, der Krieg ist immer wieder Thema, aber auch die Gegenwart und Zukunft des Landes, der Stadt und deren Menschen. Zwischen den Häusern werden die Abstände größer, und irgendwann findet man sich im Wald der umliegenden Berghügel wieder. Von hier oben ist die Sicht auf die Stadt spektakulär, die sich an den Hängen nach oben schlängelt. Nachdem man den Beinen ein bisschen Erholung geschenkt hat, geht es mit deutlich flotterem Schritt wieder bergab, aber nicht ohne einen Zwischenstopp in einem heimischen Restaurant, wo man neben einem lokalen Schnäpschen auch bosnische Leckereien wie gegrilltes Fleisch oder Gemüse, Eintöpfe oder bosnische Polenta aufgetischt bekommt.

Zwischen Spielen und Schüssen: die Bob- und Rodelbahn

Im Jahr 1984 fanden in Sarajevo die Olympischen Winterspiele statt – und damit zum ersten Mal in einem sozialistischen Land. Die Berge rings um die Stadt wurden zu Spielstätten, der Name »Olympische Berge« ist bis heute geblieben. Wer mit der Seilbahn hoch auf den Trebević fährt, hat nicht nur einen grandiosen Blick auf die Stadt, sondern kann die Reste der Olympia-Bob-und-Rodelbahn bestaunen. Zur Zeit der Spiele war die Bahn die modernste der Welt. Während bei den Spielen hier die Sportler und Sportlerinnen beim Hinabsausen angefeuert wurden, dienten die Anlagen nur wenige Jahre später als Kriegsfront bei der Belagerung Sarajevos. Vier Jahre lang war die Stadt eingekesselt, und unzählige Menschen verloren in dieser Zeit ihr Leben, was man an den Grabsteinen auf den Friedhöfen der

↖ Die alte Bobbahn ist heute bunt angemalt.
← Das traditionelle Svrzo's House bietet einen Blick hinter die Kulissen des familiären Zusammenlebens.

Tipp

SVRZO'S HOUSE

Wie haben wohlhabende Familien in der osmanischen Zeit im 18. Jahrhundert gelebt? Das sieht man im Svrzo's House. Schlafräume, Küche, Lagerräume und mehr lassen sich hier in der Oase der Stille erkunden (museums.eu/museum/details/282/svrzo-house).

Stadt mit eindringlicher Deutlichkeit erkennt. Die alte Bob-und-Rodelbahn kann man heute nicht nur besichtigen, man kann auch direkt auf den Betonschalen der ehemaligen Eisrinne nach unten laufen. Durch den schattigen Wald geht es in zwei bis drei Stunden auf der bunt mit Graffiti besprühten Bahn bergab und dabei gleichzeitig auf einen Streifzug durch die Geschichte der gefeierten Sportler und erbitterten Kämpfe. Auf dem Weg lässt sich noch ein Abstecher beim verlassenen Observatorium machen. Doch Vorsicht: Vorsicht: Die Ruinen sind einsturzgefährdet!

»Sarajevo – Stadt der Träume, Stadt der Kriege, Stadt der Kontraste.«

Schriftsteller Dževad Karahasan

Nach dem Ausflug lohnt sich zur Dämmerstunde noch ein allerletzter Aufstieg an diesem Tag. Einen wunderbaren Ausblick gibt es an der sogenannten Gelben Bastion, der Žuta tabija. Hier oben versammeln sich passend zum Sonnenuntergang vor allem junge Menschen. Im kleinen Café gibt es kühle Getränke, mit denen man sich auf die Mauer setzt und der Sonne zuschaut, wie sie golden hinter den Bergen verschwindet.

↖ Das bosnische Essen ist deftig und fleischlastig, aber man findet auch Veggiealternativen.
← Der Blick in kleine Seitenstraßen lohnt sich.
↗ In der alten Karawanserei gibt es Kunsthandwerk zu kaufen.

Info

BOSNISCHE KÜCHE
Kulinarik gibt es etwa im Klopa direkt an der Kathedrale oder im Restoran Dženita mitten in der Altstadt (www.facebook.com/restorandzenita).

KAWA
Außerhalb der Altstadt gibt es im Kawa leckeren Iced Coffee in hipper Atmosphäre. Abends wechselt man fließend zum Cocktail (www.facebook.com/kawa.sarajevo).

RATHAUS
Das Vijećnica zeigt verschiedene Ausstellungen, die von zeitgenössischer Kunst bis zur bosnischen Geschichte und dem Genozid reichen (vijecnica.ba).

HOTEL SANA
Das kleine moderne Hotel liegt zentral, aber nicht mitten im Trubel und hat von schicken Einzelzimmern bis zu Apartments mehrere Auswahlmöglichkeiten (hotelsana.ba).

33 Gjirokastra – Balkanarchitektur vom Feinsten

Tausend Fenster, Stufen und Steine

Eine der schönsten Altstädte Albaniens steht unter dem Schutz des UNESCO-Welterbes: Gjirokastra. Die Stadt glänzt mit ihrer Steinarchitektur und hat sich ein einzigartiges geschlossenes Stadtbild erhalten.

Luftlinie trennen Gjirokastra nur 20 Kilometer von den Stränden der Adria, aber der Kontrast könnte nicht größer sein. Touristisch ist die Küste durchaus gut erschlossen, etwas weiter im Landesinneren sieht das ganz anders aus. Der Ort Gjirokastra liegt im Süden Albaniens und schmiegt sich an den Fuß des bis zu 1800 Meter hohen Gebirges Mali i Gjerë. Im Tal hat sich der Fluss Drino ein breites Bett geschaffen, das jedoch auch nicht für einen leichten Zugang zu den Stränden des Mittelmeeres sorgt. Und so muss man schon eine geduldige Anreise von fast zwei Stunden auf sich nehmen, um die knapp 70 Kilometer lange, kurvige Strecke über die Berge zu bewältigen, bis man Gjirokastra erreicht und in eine andere Welt eintaucht.

Gjirokastra ist eine der ältesten Städte Albaniens und ein wichtiges kulturelles Zentrum Südalbaniens. Ausgrabungen am alten Burgberg, einem markanten hochgelegenen Platz über der Stadt, lassen vermuten, dass die Gegend schon um 300 v. Chr. besiedelt war. Unter dem Namen Argyrókastro wird der Ort 1336 erstmals urkundlich erwähnt. Damals war er ein Teil des Byzantinischen Reichs. Im Schutz der Burg bildete sich eine Siedlung, die 1417 von den Osmanen erobert wurde. Siedelten anfangs vor allem Christen in der Stadt, änderte sich das in den nächsten Jahrhunderten, aber trotz des Religionsunterschieds lebten Christen und Muslime friedlich miteinander. Die Osmanen bauten auch die Burg weiter aus, und die Einwohnerzahl nahm immer mehr zu. Ab 1822 wurde mit dem Zusammenbruch des Osmanischen Reichs Südalbanien zum Spielball zwischen den Ländern. So besetzten während der beiden Weltkriege auch Griechen, Italiener und Deutsche das Land. 1945 rief der in Gjirokastra geborene Enver Hoxha die kommunistische Diktatur aus, die bis 1991 anhielt.

Aber schon während des kommunistischen Regimes erkannte man den architektonischen Charme von Gjirokastra, ernannte den Ort zur »Museumsstadt« und stellte ihn unter besonderen Schutz.

Deshalb finden wir heute ein geschlossenes Altstadtbild vor, wie es nur noch selten zu finden ist. Unter der Burg schmiegen sich unzählige Steinhäuser an den Hang, die mit ebenso unzähligen Treppenstufen miteinander verbunden sind. Nicht nur die Straßen und Gassen sind mit Steinen gepflastert, sogar die Dächer sind mit Steinplatten aus dem nahen Gebirge gedeckt. Diese gab es reichlich und waren ein nachhaltiges ökologisches Baumaterial. Einige der Gebäude, wie das osmanische Zekate-Haus, das Skenduli House oder das Ismail-Kadare-Haus des gleichnamigen Schriftstellers, lassen sich besichtigen. Besonders auffallend sind die vielen schmalen und hohen Holzfenster, die wie tausend Augen aus den weißen Hausfassaden leuchten.

← **Im Basarviertel Qafa e Pazarit in der Altstadt von Gjirokastra reihen sich einige Souvenirläden an Restaurants.**

Info

BLAUES AUGE

Wer von der Küste über den Muzina-Pass Gjirokastra besucht, sollte unbedingt einen Stopp am Bergsee Syri i Kaltër einlegen. Er trägt den Spitznamen »Blaues Auge« – und das zu Recht! Kristallklares Wasser in herrlichen Türkis- und Grüntönen sorgt für ein Naturwunder.

BURG VON GJIROKASTRA

Von der Burg genießt man den schönsten Blick auf die Altstadt und die nahen Berge.

ANREISE

Flugverbindungen gibt es nach Tirana, von dort braucht man ca. 5 Std. nach Gjirokastra. Die Anreise kann aber auch über die griechische Insel Korfu erfolgen, von der man mit der Fähre nach Ksamil in Albanien übersetzt und in ca. 2 Std. nach Gjirokastra gelangt.

www.albania.al

Gjirokastra, Albaniens »Steinstadt«, ist nicht nur eine Stadt der tausend Stufen, sondern auch eine Stadt mit unzähligen schiefergedeckten Steinhäuser, deren Fenster wie die Augen wirken.

Kunst, Klassik & Kultur und jede Menge Spaß

In ganz Europa gibt es neben den kulturellen Schätzen eine Vielzahl von Festivals, die sich der Kunst, Musik, Literatur, Theater, Film, Tanz und anderen vielfältigen kulturellen Ausdrucksformen verschrieben haben. Einige Städte gewähren einem Festival nur ein Wochenende lang Zeit, andere dagegen widmen den Events ganze Wochen. Alle haben sie eines gemeinsam: Für die Interessierten bieten sie jede Menge Spaß und Unterhaltung. Nur Mut, dabei sein ist alles!

Musikfestivals

Die Bandbreite an Musikfestivals ist riesig, da ist für jeden Geschmack etwas dabei. Sie haben den großen Vorteil, dass Musik alle Nationen verbindet und man nicht zwingend die Sprache des jeweiligen Ausrichterlandes beherrschen muss, denn Musik ist universell verständlich.
Tagelang gerockt wird beim Glastonbury Festival in England oder bei Rock am Ring in Nürnberg. Eines der bekanntestes Heavy-Metal-Musik-Treffen ist das Wacken Open Air in Schleswig-Holstein. Das Roskilde Festival in Dänemark ist das größte Musikfestival Nordeuropas und präsentiert eine breite Palette von Musikstilen. Das Tomorrowland im belgischen Boom gilt als eines der größten Festivals der elektronischen Musik. Genreübergreifend ist das Exit Festival, das in der serbischen Stadt Novi Sad stattfindet. Das Pohoda Festival in der Slowakei ist ein idyllisches und familienfreundliches Indie-, Pop- und Rock-Festival. Österreichs Nova Rock ist längst kein Geheimtipp mehr, dagegen noch unbekannt und trotzdem mit internationalen Stars besetzt ist das Clam Rock Festival auf der oberösterreichischen Burg Clam.
Lust auf Klassik? – Da gibt es die Bregenzer Seefestspiele auf dem Bodensee mit Opernaufführungen in gigantischer Kulisse. Oder die berühmten Wagner-Festspiele in Bayreuth. Weniger bekannt sind das Lehár Festival Bad Ischl in Österreich, das Opern- und Musikfestival Rossini in Bad Wildbad / Schwarzwald oder das Festival Puccini am Torre del Lago in der Toskana. Jazzfreunde werden beim Montreux Jazz Festival oder in Burghausen glücklich.

Film- und Fotofestivals

Diese Festivals präsentieren Filme aus verschiedenen Ländern, eine tolle Plattform, um internationale Werke auf großer Leinwand zu sehen. Zu den bekanntesten Filmfestivals gehören die Internationalen Filmfestspiele von Cannes, die Berlinale und die Mostra Internazionale del Cinema in Venedig. Unbekannter sind die Filmfestivals von Karlsbad, Tallinn oder Locarno. Interessante Fotofestivals gibt es im französischen Arles, in Zingst an der deutschen Ostseeküste oder im polnischen Łódź sowie die Naturfototage im oberbayerischen Fürstenfeldbruck.

Theaterfestivals

Diese Festivals präsentieren eine Vielzahl von Theateraufführungen, darunter Schauspiel, Tanz und Performancekunst. Das Avignon Festival in Frankreich und das Edinburgh Festival Fringe in Schottland sind zwei berühmte internationale Theaterfestivals. Aber gerade für Theateraufführungen ist die jeweilige Landesprache dann doch wichtig. Zum Glück gibt es in Deutschland und Österreich viele Freilichtbühnen mit oft hochkarätigen Inszenierungen, die während der Sommermonate stattfinden. Die Luisenburg-Festspiele in Wunsiedel sind ein solcher Fall. Im Alten Hof in Bamberg gibt es die Calderón-Spiele, den historischen Further Drachenstich im Bayerischen Wald, die Kreuzgangspiele Feuchtwangen, die Karl-May-Spiele in Bad Segeberg, das Kaltenberger Ritterturnier an der Burg Kaltenberg, den Bautzener Theatersommer, die Nibelungen-Festspiele in Worms oder die Ludwigsburger Schlossfestspiele, um nur einige zu nennen.

↖ Die Bühnenbilder in Bregenz ändern sich mit jeder Inszenierung; hier: Mozarts »Zauberflöte«. ↑ Auch kleine Theater wie die Burgfestspiele Neunußberg bei Viechtach im Bayerischen Wald überzeugen viele Zuschauer.

Surferparadies, Segelrevier oder Badebuchten – auch im Westen Europas gibt es viele Städte am Wasser.

Westen

Im Westen nichts Neues?
Von wegen!

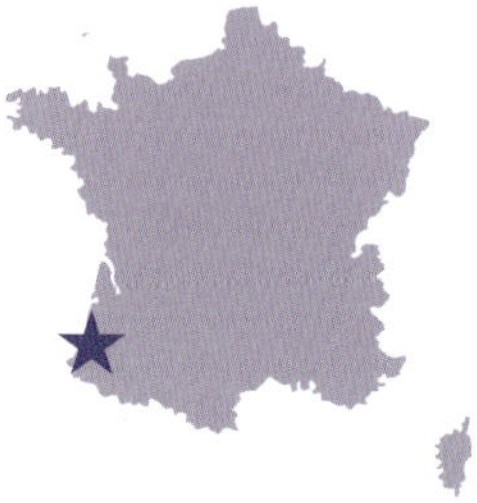

34 Surfer-Hotspot Biarritz

Eine Stadt zwischen Coolness und Noblesse

Biarritz ist eine wunderschöne Stadt an der französischen Atlantikküste und ein beliebtes Ziel für Wellenreiter aus der ganzen Welt. Mit seinem milden Klima, den atemberaubenden Stränden und den idealen Surfbedingungen lockt Biarritz jedes Jahr zahlreiche Wassersportbegeisterte an.

Dabei ist Biarritz ein zeitloses Seebad voller Belle-Époque-Charme und Geschichte. Das einstige Fischerdorf mit seinem Walfanghafen hat sich im Laufe der Jahrhunderte zu einem der bekanntesten und beliebtesten Seebäder Europas entwickelt. Vor allem im 19. Jahrhundert wurde Biarritz zu einem bevorzugten Reiseziel für europäische Adlige und wohlhabende Persönlichkeiten. Unter der Herrschaft von Kaiser Napoleon III. und seiner Frau Eugénie erlebte Biarritz seine Blütezeit. Die prächtigen Villen, Paläste und Kasinos, die in dieser Zeit entstanden sind, zeugen noch heute von dieser glanzvollen Vergangenheit.

Verstehen kann man die Begeisterung für diese Gegend leicht. Die atemberaubende Küstenlandschaft beinhaltet spektakuläre Klippen, goldene Sandstrände und tosende Wellen, die vor allem Surfer aus der ganzen Welt anziehen. Biarritz ist ein Treffpunkt für Profis, Amateure und Surftouristen gleichermaßen. Ein bekannter Surfspot in Biarritz ist die Côte des Basques. Dieser Strand ist bekannt für seine konstanten Wellen und bietet ideale Bedingungen für Sportler aller Erfahrungsstufen. Anfänger können hier ihre ersten Versuche unternehmen, und Surfschulen bieten Kurse für alle an.

Ein weiterer beliebter Spot ist der Grand Plage, der Hauptstrand von Biarritz. Hier finden regelmäßig internationale Surf-Wettbewerbe statt, bei denen sich die besten Wellenreiter der Welt messen. Es macht Spaß, die Cracks in Aktion zu beobachten, aber die aufregende und lässig-coole Surfkultur kann man das ganze Jahr über genießen. Genau das macht das unvergleichliche Flair von Biarritz aus. Zum einen hat die Stadt sich ihre glamouröse Eleganz bewahrt. Die eleganten Hotels, stilvollen Geschäfte, Kunstgalerien und erstklassigen Restaurants sowie das mondäne Casino verleihen ihr eine besondere Atmosphäre, versehen mit dem Hauch von Luxus. Und gleichzeitig lockert die lebendige Surfergemeinde, die das Leben von Welle zu Welle genießt, die noble Gesellschaft wunderbar auf. Ihre Leichtigkeit und Entspanntheit sind einfach ansteckend. Ähnlich wie beim Bergsteigen oder Wandern kann man sagen: Wind, Wellen und Strände tun einfach gut.

← Am Grand Plage sorgen die Wellen des Atlantiks für den Kick und das Hôtel du Palais für die Entspannung.
↗ Ein beliebtes Souvenir: die leichten Espadrilles.

Info

MUSÉE DE LA MER

Das Museum an der Küste wurde im Art-déco-Stil erbaut. Es ist ein Naturkundemuseum und Aquarium zugleich und ermöglicht einen Einblick in die faszinierende Wasserwelt des Atlantiks (www.aquariumbiarritz.com).

BASKISCH

Biarritz ist stolz darauf, baskisch zu sein. Das schlägt sich auch in der Sprache nieder, die mit dem Französischen so gar nichts gemein hat. Wie wären ein paar baskische Souvenirs? Dazu zählen die sommerlichen Espadrilles (Leinenschuhe), Baskenmützen oder Leckereien wie der Bayonne-Schinken oder der Pfeffer, der auch Gorria-Chili genannt wird.

ANREISE

Biarritz erreicht man mit dem Zug in 4 Std. ab Paris. Es gibt auch einen internationalen Flughafen mit Verbindungen nach Frankfurt und München.

www.tourisme.biarritz.fr

35 Marseille und sein Museumseffekt

Lebendig und multikulturell – Frankreichs älteste Stadt

Marseille, die uralte Hafenstadt, hat sich herausgeputzt. Die einst verrufene Metropole im Süden Frankreichs stieg wie ein Phönix aus der Asche, und das hat sie vor allem ihrem Status als Europäische Kulturhauptstadt seit dem Jahr 2013 zu verdanken.

Jahrelang belegte Marseille im Negativranking der gefährlichsten Städte Europas einen der vorderen Plätze. Ein Schicksal, das sie mit einigen anderen Hafenstädten teilen musste, denn Häfen sind bis heute ein »Melting Pot of Nations«. So erreichten nicht nur viele Schiffe mit ihren Besatzungen, sondern auch Ein- und Auswanderer aus allen Ländern sowie Geflüchtete und Gestrandete die Hafenstädte. Wer nach Marseille kam, landete zuerst im Stadtteil Le Panier, einem bis heute multikulturell geprägten Viertel der Stadt. Zu Anfang des 20. Jahrhunderts waren es vor allem Süditaliener, die sich dort niederließen. Ab 1962 kamen mit der Unabhängigkeit Algeriens Tausende Algerierfranzosen nach Marseille, die ihr Land verlassen mussten.

← Im modernen Museum MuCEM spiegelt sich die zweifarbige Cathédrale La Major von Marseille.

Nicht immer funktionierte das Zusammenleben reibungslos, und auch die Integration so vieler Menschen verschiedenster Kulturen gestaltete sich schwierig. Es bildeten sich soziale Brennpunkte in den oft neu geschaffenen Stadtvierteln. Leider kam es auch zu gewaltsamen rassistischen Ausschreitungen seitens der einheimischen Bevölkerung. Gepaart mit wirtschaftlichem Wandel und großer Arbeitslosigkeit bildeten sich rivalisierende Banden, und

Tipp

STADTSTRÄNDE

Südlich vom Hafen findet man direkt in der Stadt einige schöne und gar nicht so kleine Strände. Hier wird gepicknickt, Beachvolleyball gespielt, gebadet und vor allem Sonne getankt. Ein Stadtbus fährt entlang der Küste.

die Kriminalität, vor allem der Drogenhandel, stieg rapide an. Sicherlich einer der Gründe, warum Marseille lange nicht auf dem Programm großer Reiseanbieter stand.

Neu, modern und mit großem Effekt

Das hat sich spätestens mit der Ernennung zur Europäischen Kulturhauptstadt vor zehn Jahren geändert. Enorme Summen wurden in die Hand genommen und wirklich investiert! Damit wurden viele Stadtviertel saniert und aufgewertet. Zudem entstanden rund um den Hafen in der Altstadt Dutzende Neubauten, die für Aufschwung und somit für ein echtes Stadtwunder sorgten. Dazu zählen der Bau des MuCEM Museums, offiziell Musée des Civilisations de l'Europe et de la Méditerranée genannt. Es wurde mit Brücken an die alte Festung angeschlossen – ein architektonisches Highlight mitten im vorher vernachlässigten Hafenareal. Weitere Museen folgten wie die Villa Méditerranée oder das Musée Regards de Provence. Zu Recht spricht man heute in Marseille von einem Museumseffekt, der ähnlich wie in Bilbao oder Genua bestens funktionierte und das Bild der Stadt nachhaltig wandelte. Dabei besaß Marseille, dessen Gründung als griechischer Handelsstützpunkt Massalia auf eine mehr als 2600 Jahre alte Geschichte zurückblicken kann, schon immer eine pittoreske Altstadt mit verwinkelten Gassen und dem riesengroßen rechtwinkligen

> »Das Volk von Marseille, dem schon seit Gründung der Stadt einiges Griechenblut durch die Adern rollt, ist von Natur lebhaft und neugierig.«
>
> *Alexandre Dumas*

Hafenbecken, dem Vieux Port. Hinzu kommen die feudale Cathédrale La Major und der Palais du Pharo, den Kaiser Napoleon III. für seine Frau Eugénie errichten ließ. Über allem wacht die Wallfahrtskirche Notre-Dame de la Garde, die im neobyzantinischen Stil auf einem felsigen Hügel steht. Sie gilt zusammen mit dem Château d'If als Wahrzeichen Marseilles. Das Château, das eher einer Festung gleicht, steht auf der gleichnamigen vorgelagerten Insel, die den Eingang zur Stadt bewacht. Diese mussten alle Einwanderer passieren. Hinauf zur »La Bonne Mère« hingegen, wie die Marien-Wallfahrtskirche liebevoll von Einheimischen genannt wird, pilgerten Fischer und Seefahrer, um sich für eine gelungene Reise zu bedanken oder um für eine glückliche Rückkehr zu beten. Heute werden Kreuzfahrturlauber während ihres Landgangs mit Bussen auf den Hügel kutschiert, denn vom Platz vor der Kirche genießt man einen der schönsten Blicke über Marseille und den Hafen. Zum Glück für alle anderen Marseille-Besucher bleibt diesen Touristen meist keine Zeit für eines der wunderbaren Museen, die die Stadt zu bieten hat. Diese sind dann allen Kulturinteressierten vorbehalten, die bestimmt noch Muße genug haben, in einem der vielen Fischerlokale rund um den Alten Hafen einzukehren. Dort sollte man nicht versäumen, die berühmte Bouillabaisse, eine Fischsuppe, die ursprünglich einmal ein Armengericht war, zu probieren. Sie wird zusammen mit einem Stück geröstetem Weißbrot und einer scharfen Knoblauchsoße serviert. Ihr Geschmack ist unvergleichlich und einzigartig, genauso wie Marseille.

↑ Auch an Stadtstränden mangelt es nicht in Marseille.
↙ Der Altstadthafen von Marseille ist riesengroß. Eine kleine Fußgängerfähre hilft den Weg von einer Seite zur anderen abzukürzen.

Info

FISCH UND CAFÉ

Neben dem französischen Klassiker, der Fischsuppe Bouillabaisse, ist die Küche von den Einflüssen der Einwanderer geprägt. Es duftet arabisch oder orientalisch, aber man entdeckt auch jede Menge spanische und italienische Gerichte. Dazu ist Marseille für seine Kaffeehauskultur bekannt. Dort werden feinste Leckereien serviert, darunter die bootförmigen Navettes, mit Orangenblütenwasser verfeinerte Plätzchen.

FAKTEN

Marseille ist mit 870.000 Einwohnern die zweitgrößte Stadt Frankreichs, wobei ihr Stadtgebiet doppelt so groß ist wie das von Paris. Dreh- und Angelpunkt für die Besucher ist nach wie vor der Alte Hafen von Marseille, dessen insgesamt mehr als zehn Museen und zahlreiche Kulturstätten überall in der Stadt verteilt sind.

ANREISE

Vom Flughafen Marseille kann man mit einem Bus direkt in die Altstadt fahren. Der große Hauptbahnhof zeigt, wie gut die Stadt an das Bahnnetz des Landes angeschlossen ist.

www.marseille-tourisme.com

36 Mondänes Nizza

Lila Lavendel, blaues Meer und goldene Socca

Auf dem Kieselstrand stehen blau-weiße Sonnenschirme, das türkisfarbene Meer funkelt in der Sonne, und der Himmel strahlt in tiefstem Schönwetterblau. Allein diese Kulisse reicht, um Nizza zum nächsten Urlaubsziel zu küren.

Sonne, Strand und der Duft von Sonnencreme in der Nase: Mit Städtereise hat der erste Eindruck von Nizza erst einmal wenig zu tun. Doch kaum entfernt man sich zwei Meter vom Strand, fängt die Altstadt an, und diese hat alles – und noch viel mehr –, was man sich für einen Citytrip wünscht. Und überhaupt: Gibt es eigentlich etwas Schöneres als Städte am Meer?

Die Altstadt, Vieux Nice, mit kopfsteingepflasterten Straßen ist gesäumt von pastellfarbenen Häusern. Die Cathédrale Sainte-Réparate gehört zu den bedeutendsten Bauwerken und historischen Sehenswürdigkeiten von Nizza. Durch die Gassen dringt der salzige Duft vom Meer und mischt sich mit dem Aroma von Kräutern wie Salbei und dem holzigen Geruch der Pinien.

Man könnte sagen, die Nizzaer seien verwöhnt: das Meer vor der Haustür, Italien nur einen Katzensprung entfernt, ganzjährig mildes Wetter. Kein Wunder, dass man hier weiß, wie man es sich gutgehen lässt. Den fangfrischen Fisch auf dem Teller, einen guten Tropfen im Glas. Nizza ist ganz klar eine Stadt für Genießer und gleichwohl bei allem Glamour bezaubernd bodenständig.

»Der Himmel über Nizza ist so klar und das Licht so weich, dass die Stadt selbst wie ein Happen vom Himmel aussieht.«

Maler Henri Matisse

→ Aussichtspunkte auf die Stadt und das Meer gibt es rund um Nizza zum Glück einige!

Mondäner Charme, Essen auf die Hand

Wer mehr über die lukullischen Besonderheiten der Stadt erfahren und sich einmal quer durch die Spezialitäten kosten möchte, nimmt am besten an einer kulinarischen Stadtführung teil, die man ganz unkompliziert über Plattformen wie GetYourGuide oder Viator buchen kann. Bei den Stopps geht es vorbei an Delikatessenläden, an Marktständen oder Restaurants, die die besondere Mischung der raffinierten französischen und rustikalen italienischen Küche demonstrieren. Das handwerklich hergestellte Olivenöl schmeckt fruchtig-bitter, zum provenzalischen Rosé gibt es würzige Tapenade, für den süßen Zahn Lavendelplätzchen. Auf keinen Fall fehlen darf die Nizzaer Spezialität überhaupt. Wer jetzt an Nizzasalat denkt, der ist auf dem Holzweg. Das Gericht, das es hier wirklich an jeder Ecke gibt, ist Socca. Der dünne Pfannkuchen aus Kichererbsenmehl wird im Holzofen gebacken und ist außen knusprig und innen fluffig weich. Er wird mit frischem schwarzem Pfeffer serviert und das zu quasi jeder Zeit: auf dem Heimweg, um den ersten Hunger vor dem späten Abendessen zu stillen, mittags oder einfach als Snack zwischendurch.

Auf dem Markt Saleya reihen sich jeden Vormittag der Woche – außer am Montag – Stände aus der Region aneinander. Hier gibt es bunte Blumen, aber noch viel mehr. Ein Stückchen Käse vom Bauernhof aus dem Umland hier, ein saftiger Pfirsich da. Eine Lavendelseife für zu Hause. Natürlich gibt es auch einen Socca-Stand. Bei Chez Thérésa geht der Pfannkuchen traditionell in der Papiertüte über den Tresen, direkt auf die Hand.

Wer sich eine Pause gönnt und den Hunger lieber im Sitzen stillt, kann nach weiteren Leckereien auf der Karte Ausschau halten. Wie wäre es mit einem Stück Pissaladière, eine Art Zwiebelkuchen, oder einem deftigen Daube Niçoise, Rindfleisch geschmort in Rotwein? Und ja, auch der Salade Niçoise steht auf den meisten Menükarten.

Überall in Nizza bemerkt man den Stolz auf die lokale Cuisine. So ist es auch nicht verwunderlich, dass er mittlerweile als Markenzeichen für die tradi-

Tipp

PANORAMABLICK

Das kleine Bergdorf Èze befindet sich circa 12 km östlich von Nizza in Richtung Monaco. Hier vom Botanischen Garten gibt es den traumhaftesten Panoramablick auf die Côte d'Azur überhaupt. Mit dem Bus dauert die Fahrt etwa eine halbe Stunde.

↗ Der Plage du Castel ist ein öffentlicher Kieselstrand. Im Sommer gibt es einen privaten Bereich mit Restaurant.
← Kontrastprogramm zum Badespaß findet man in den Gassen der Altstadt.

tionelle Küche der Stadt gilt. Mit dem Label »Cuisine Nissarde, le respect de la tradition« verpflichten sich Restaurants, mindestens drei traditionelle Gerichte auf die Karte zu schreiben.

An der zentralen Place Masséna, die die Alt- mit der Neustadt verbindet, herrscht immer Trubel. In der Fußgängerzone und den zahlreichen Läden ringsum dreht sich alles ums Shopping. Von hier aus ist der Weg kurz zur breiten Strandpromade, der Promenade des Anglais, die sich auf acht Kilometern von der Colline du Château bis hin zum Flughafen erstreckt. Der Name lässt es erahnen, die Promenade wurde 1844 von einem britischen Aristokraten erbaut, damit seine adligen Landsmänner und -frauen hier mit Blick auf das azurblaue Meer flanieren konnten. Statt der High Society sind hier heute eher Skater und Touristen unterwegs, der Blick auf das bezaubernde Meer ist aber gleich geblieben. Wer das ganze Panorama von oben sehen möchte, stapft hoch bis zur Colline du Château.

Info

SAINT-NICOLAS

Die russisch-orthodoxe Kathedrale hinter dem Bahnhof Nice-Ville ist die größte russisch-orthodoxe Kirche außerhalb von Russland und wunderschön anzusehen.

WEIN

Im Norden der Stadt wachsen in den Weinbergen von Château de Bellet edle Tropfen, die weit über die Grenzen hinaus bekannt sind – und ziemlich exklusiv (chateaudebellet.com).

MARC CHAGALL

Nizza war schon immer ein Sehnsuchtsort für Künstler, und so gibt es eine ganze Reihe an lohnenswerten Kunstmuseen in der Stadt. Wie wäre es mit dem Musée Matisse oder dem Musée National Marc Chagall im Stadtteil Cimiez … oder doch das Musée des Beaux-Arts? Man hat die Qual der Wahl.

37 Annecy – die kleine Oase

Von Umwegen und dem Geheimnis einer Pause

Das Städtchen Annecy ist unsere absolute Neuentdeckung in Frankreich. Direkt am Lac d'Annecy gelegen und von Bergen umringt, ist sie eine Alpenstadt mit mittelalterlichem Flair, pastellfarbenen Häusern, dem gewissen »Savoir vivre« und vor allem dem malerischen Fluss Le Thiou.

Manchmal hat man einfach großes Glück. Wir waren auf dem Weg nach Südfrankreich und hätten eigentlich Strecke machen müssen. Gerade hatten wir Genf passiert, aber jetzt war es an der Zeit für eine Pause. Dafür verlassen wir gerne die Autobahn und erlauben uns kleine Umwege. In diesem Fall lockte ein braunes Autobahnschild, versehen mit einer Burg und dem Namen »Annecy». Davon hatten wir noch nie gehört, und schon waren wir auf der Landstraße und folgten den Schildern ins »Centre Ville«. Wir haben es nicht bereut, im Gegenteil. Mittlerweile waren wir schon öfter in der französischen Stadt im Département Haute-Savoie und verraten nun das Geheimnis dieser unvergessenen Pause – das, was Annecy so besonders auszeichnet.

Annecy liegt am Ufer des malerischen und doch recht großen Lac d'Annecy und wird oft als das »Venedig der Alpen« bezeichnet. Der See ist zweifellos eine der Hauptattraktionen der Stadt. Mit seinem klaren, türkisfarbenen Wasser und den umliegenden Bergen, darunter dem 2351 Meter hohen La Tournette, bietet er eine atemberaubende Kulisse. Man kann Bootstouren unternehmen, schwimmen, Kajak fahren oder einfach nur am Ufer entspannen und die Schönheit der Natur genießen.

Die Altstadt, auch bekannt als »Vieille Ville«, ist dagegen ein charmantes Netz von verwinkelten Gassen und bunten Häusern. Durch sie hindurch fließt das Kanalgeflecht des glasklaren Thious, der natürliche Abfluss des Lac d'Annecy. Mitten im Thiou trotzt das mittelalterliche Palais de l'Île seit über 800 Jahren dem Wasser. Dieses Wahrzeichen der Stadt ist heute ein Heimatmuseum, einst war es Sitz der Stadtherren und später ein Gefängnis. Über allem thront das Château d'Annecy, eine Burg aus dem 12. Jahrhundert, in der das Schlossmuseum untergebracht ist.

← Das wohl beliebteste Fotomotiv von Annecy ist der mittelalterlich Palais de l'Île mitten im Fluss Thiou, umrahmt von Cafés, Restaurants und Souvenirläden.

In der Altstadt findet man hübsche Boutiquen, Cafés, Bäckereien, Delikatessengeschäfte und Kunsthandwerksläden. Kleine Innenhöfe oder Terrassen am Fluss Thiou laden mit ihren Restaurants zu einem Genießerstopp ein. Aus einer kurzen Pause wird automatisch eine längere Auszeit. Annecy ist eine Stadt voller Charme, Geschichte und Naturschönheiten. Egal, ob man sich für Kultur, Natur oder Kulinarik interessiert, sie ist definitiv einen Besuch wert.

Info

SPORTSTADT

Annecy ist vor allem auch eine Stadt des Sports. Egal, ob Wassersportarten wie Segeln, Kajakfahren und Stand-up-Paddeln oder Radfahren. Besonders schön ist die 40 km lange Umrundung des Lac d'Annecy. Aber auch für Mountainbiker ist die Gegend ein riesiger Spielplatz mit unzähligen Routen in die nahegelegenen Bornes Alpen.

DAS SCHMECKT

In Annecy genießt man die deftige Küche der Savoyer Alpen. Käseliebhaber sollten unbedingt den regionalen Reblochon probieren. Es gibt zahlreiche Restaurants, die köstliche Gerichte mit frischen Zutaten aus der Region anbieten, darunter natürlich Fisch aus dem See und Herzhaftes wie Tartiflette, eine Kombination aus Kartoffeln, Speck, Zwiebeln und Käse, sowie das traditionelle Gratin Savoyard.

ANREISE

Die Anreise aus Deutschland erfolgt mit dem Auto oder per Zug. Annecy ist die Endstation des Léman Express im S-Bahn-Netz rund um den Genfer See.

www.lac-annecy.com

38 Verdun – um des Friedens Willen

Geschichte pur und Mahnmal für die Zukunft

Das französische Verdun ist eine wunderschöne Stadt an der Maas. Sie ist aber auch der Inbegriff für die sinnlose, grausame Schlacht im Ersten Weltkrieg, bei der innerhalb von zehn Monaten Hunderttausende Soldaten ihr Leben verloren.

Ich war noch niemals …« klingt nach Sehnsucht nach einer Reise für heitere Urlaubsmomente und Friede, Freude, Eierkuchen. Aber es gibt auch das Gegenteil. Da sind nun mal auch die Plätze, deren Name allein ein Synonym für Schrecken ist – die für alle Ewigkeit in die Geschichte eingegangen sind. Doch auch solche Städte sollte man einmal im Leben besucht haben, um aus dem Unheil der Geschichte zu lernen, damit sie nicht in Vergessenheit gerät. Verdun in Frankreich ist so ein Ort. Die lothringische Stadt steht für die größte Schlacht im Ersten Weltkrieg, die am 21. Februar 1916 begann und als »Schlacht von Verdun« in die Geschichte der Menschheit einging. In zehn Monaten verloren auf

← Die vielen weißen Gedenkkreuze vor dem Ossuaire de Douaumont verdeutlichen die schier unendliche Anzahl an Soldatenopfern.
↗ Ausgestattet mit einem Audioguide besichtigt man das Fort de Douaumont bei Verdun auf eigene Faust.

wenigen Quadratkilometern 338.000 deutsche und nochmals genauso viele französische Soldaten ihr Leben. Etwa 400.000 Verwundete überlebten die Hölle und kehrten schwerverletzt, traumatisiert und für immer gezeichnet nach Hause. Am 18. Dezember 1916 endete die Schlacht von Verdun, der Krieg aber dauerte noch weitere zwei Jahre und verlagerte sich an andere Fronten.

Heute, mehr als 100 Jahre später, wird das Gedenken daran an vielen Orten und in Museen wachgehalten. Am besten beginnt man mit dem Besuch der unterirdischen Zitadelle (www.citadelle-souterraine-verdun.fr) in Verduns Altstadt. Das Museum lässt mit vielen modernen Elementen die Geschichte lebendig werden.

Rund um Verdun gibt es überall Plätze, Krater, Überreste der Schützengräben, zerstörte Dörfer und andere Relikte, die heute noch die Wunden, die der Krieg in der Landschaft hinterlassen hat, zeigen. Außerdem kann man viele Gedenkstätten erkunden, die an die Schlachtfelder erinnern. Das bekannteste Denkmal ist das »Ossuaire de Douaumont«, ein riesiges Beinhaus, das die Überreste von mehr als 130.000 französischen und deutschen Soldaten beherbergt.

Nach einem Tag auf den Spuren der Geschichte lässt man den Abend in Verduns Altstadt eher nachdenklich ausklingen. Am nächsten Morgen bietet sich der Besuch der Zitadelle und des Quai de Londres an. Nicht zuletzt hilft bewusstes Reisen, die Geschichte eines Ortes zu verstehen und zu reflektieren. Mit diesem Hintergrund wird umso deutlicher, wie wichtig Frieden auch für die Zukunft ist.

Info

MÉMORIAL DE VERDUN

Das Mémorial de Verdun ist ein modernes Museum, unweit vom Ossuaire de Douaumont, das einen Überblick über die Schlacht gibt und dabei auch den menschlichen Aspekt nicht vergisst. Das Museum ist ein hervorragender Ausgangspunkt, um zuerst die Geschichte zu verstehen und dann die Schlachtfelder und andere Gedenkstätten zu erkunden (memorial-verdun.fr).

FORTS

Um Verdun sind einige Forts erhalten. Interessant sind das Fort de Vaux und das Fort de Douaumont, die man besichtigen kann. Es gibt ein Kombiticket zusammen mit dem Mémorial de Verdun.

ANREISE

Verdun erreicht man mit dem Bus vom TGV-Bahnhof Meuse-Voie Sacrée. Für die Besichtigung der Gedenkstätten lohnt sich jedoch ein eigenes Auto.

www.tourisme-verdun.com

39 Sent und Scuol – Winterzauber im Unterengadin

Eiszeit in der Schweiz

Anstelle des weltberühmten St. Moritz besuchen wir die Gemeinde Scuol mit dem Dörfchen Sent im Unterengadin, ebenfalls ein Kurort, aber viel ursprünglicher und origineller.

Das schweizerische Scuol liegt im Engadin, genau genommen im Unterengadin. Sein rätoromanischer Name stammt vom Fluss En, der quer durchs Land fließt. Nur einige Kilometer weiter flussabwärts kennt man diesen ab der Grenze nach Tirol unter dem Namen Inn. Aber der En ist die Lebensader des für seine Wintersportorte berühmten Bergtals. Allen voran für St. Moritz, das seit über 150 Jahren als Geburtsort der alpinen Winterferien gilt und weltweit für Luxus und Eleganz steht.
Etwas weniger reich und mondän, aber genauso schön und obendrein bezahlbar, sind Scuol und seine umliegenden Dörfer: Sent, Tarasp, Ftan und Ardez. Wie in St. Moritz sind sie ebenfalls von herrlicher Bergwelt umgeben und haben es geschafft, sich ihre Ursprünglichkeit zu bewahren. Uralte Engadiner Häuser mit wuchtigen Mauern und mit Sgraffito-Kratzputztechnik verzierte Fassaden säumen die Gassen. Auf vielen Plätzen sprudelt Wasser in große Brunnen, zumeist kalziumhaltiges Mineralwasser. Schließlich ist Scuol bekannt für seine etwa 25 Heilquellen.
Natürlich lebt man auch hier vom Tourismus. Im Sommer und im Herbst laden die umliegenden Berge zum Wandern und Mountainbiken ein, aber gerade im Winter liegt ein ganz besonderer Zauber über dem Unterengadin. Neben einigen tollen Langlaufstrecken führt das Skigebiet Motta Naluns bei Scuol auf 2785 Meter hinauf und bietet eine der schönsten Abfahrten der Schweizer Berge: die zehn Kilometer lange Traumstrecke vom Monte Salaniva hinunter nach Sent. Aber neben dem Skisport gibt es ein weiteres, geradezu einzigartiges Wintervergnügen im Unterengadin. Unweit des Campingplatzes Sur En bei Sent verhindert der 3031 Meter hohe Piz S-chalambert Dadaint, dass die Wintersonne das Tal erreicht. Hier liegt für drei Monate fast alles im Schatten, und es herrscht klirrende Kälte – ideale Bedingungen für den Engadiner Eisweg. Aber statt über einem See wird die Eisfläche auf einem Wanderweg angelegt, der in einer großen Schlaufe neben dem En verläuft. So kann man auf der Eisbahn über drei Kilometer durch einen märchenhaft verschneiten Winterwald Schlittschuh laufen. Ein wirklich eiskaltes, aber traumhaftes Abenteuer.

← Der Eisweg im Engadin führt zum Teil durch den Wald.
↗ Hinter Scuol ragen der Piz Lischana und der Piz San Jon Dadora in den winterlichen Himmel.

Info

EISKALTES VERGNÜGEN

Am Campingplatz Sur En bezahlt man den Eintritt für den Eisweg. Dort kann man sich auch Schlittschuhe sowie Schutzhelm oder Fahrhilfen ausleihen. Anfänger sollten wissen, dass der Weg nicht völlig eben ist. Schon bei minimalem Gefälle wird man erstaunlich schnell. Im Februar gibt es dort auch das Faszinaziun Lichterwald. Mit dem Einsetzen der Dämmerung verzaubern farbige Projektionen auf Eis und Bäumen die Besucher (www.eisweg-engadin.ch).

AB INS WARME

Im Bogn Engiadina in Scuol kann man sich vom Wintersport in reinem Mineralwasser erholen. Das Bad bietet auch eine große Saunalandschaft (www.bognengiadina.ch).

ANREISE

Man erreicht das Unterengadin mit dem Auto über Landeck in Österreich. In und um Scuol kann man sein Auto getrost stehen lassen. In der Gästekarte sind die Linien des Postbusses eingeschlossen.

www.engadin.com

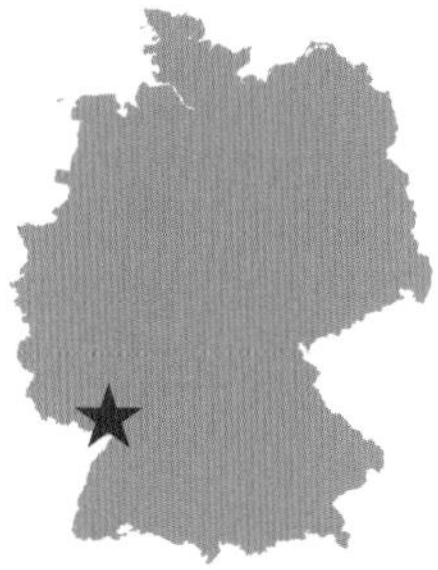

40 Wein und Wandern in Bad Dürkheim

Deutschland entdecken ist immer eine gute Idee

Die Pfalz ist eine der Weinregionen Deutschlands und bietet eine Vielzahl von Aktivitäten für Naturliebhaber, Wanderbegeisterte und Kletterer. Die Kurstadt Bad Dürkheim ist ein hervorragender Ausgangspunkt, um diesen schönen Winkel zu erkunden.

Bad Dürkheim liegt umgeben von Weinbergen im Herzen der Pfalz, direkt an der Weinstraße. Die Stadt ist neben ihrem guten Wein vor allem als Kur- und Wellnessdestination bekannt. Schon die Römer waren von dem milden Klima der Pfalz angetan. Man fand nicht nur Siedlungsreste von römischen Gutshäusern, sondern sogar den Nachweis, dass auch damals bereits in der Gegend Wein kultiviert wurde.

Heute ist Bad Dürkheim zweigeteilt. Der Historische Stadtkern gruppiert sich um den Römerplatz, den Stadtplatz, den Obermarkt und den Schlossplatz. Letzterer wird vom Kurhaus, in dem sich auch die Spielbank befindet, begrenzt. Es ist im ehemaligen Schloss der Grafen von Leiningen untergebracht. Östlich davon beginnt das Kurviertel mit seiner Brunnenhalle und dem wunderschönen Kurpark, durch den die Isenach jetzt wieder offen fließt.

Bad Dürkheim verwandelte sich Mitte des 19. Jahrhunderts zu einem Kurort, als man erkannte, wie wohltuend eine Traubenkur ist. Diese konnte man naheliegenderweise nur im Herbst anbieten. Kurz darauf entdeckte man aber wertvolle Spurenelemente im Dürkheimer Wasser, und schon bald war der ganzjährige Kurbetrieb geboren. Dieser wurde ausgeweitet, und schließlich kam im Jahr 1847 das Gradierwerk hinzu, bis heute ein absolutes Highlight in der Stadt. Die über die imposante Holzkonstruktion geleitete Sole verdunstet, dadurch reichert sich die Luft mit Salzpartikeln an, die sich wohltuend auf die Atemwege auswirken.

Gute Luft und viel Platz für eine natürliche Kur findet man aber auch in der grünen Natur rund um die Stadt, beim Wandern im Biosphärenreservat Pfälzerwald. Die Pfalz ist ein Wanderparadies mit einer Vielzahl von gut markierten Wanderwegen. Einer der bekanntesten ist der Pfälzer Weinsteig, ein 180 Kilometer langer Fernwanderweg, der entlang der Weinberge und durch malerische Dörfer führt. Bad Dürkheim liegt direkt auf der Strecke. Als wei-

↑ Hinter den Rebreihen unweit der Altstadt thront die Kapelle auf dem Michelsberg bei Bad Dürkheim.

teres Highlight entpuppt sich die kurze Tour hinauf zur Klosterruine Limburg oder zum Teufelsstein mit der Heidenmauer und dem Aussichtspunkt Kaiser-Wilhelms-Höhe. Abenteuerlustige können sich auch den Pfälzerwald erklettern. Mehr als 200 steil aufragende Felsmassive aus Buntsandstein sind ein Eldorado für Kletterfans.

Info

WEINFASS

Eines der Wahrzeichen von Bad Dürkheim ist das Dürkheimer Riesenfass. Es handelt sich um das größte Weinfass der Welt, das Platz für 1,7 Mio. l Wein bietet, stattdessen jedoch – nicht ganzjährig – als Gaststätte dient.

MANDELBLÜTE

Der Frühling in der Pfalz blüht rosa. Mit der Mandelblüte startet im März die Wandersaison. Dafür wurde eigens ein Fernwanderweg über sieben Etappen angelegt. Von Bockenheim bis Schweigen-Rechtenbach führt der Pfälzer Mandelpfad durch einen Traum in Rosa. Wer in Bad Dürkheim startet, spart sich die ersten 25 von 100 km.

ANREISE

Bad Dürkheim erreicht man über Mannheim mit dem Zug.

www.bad-duerkheim.de

41 Ochsenfurt im Maindreieck

Weinseligkeit trifft auf Fachwerkkunst

Eine märchenhafte und gleichzeitig kulinarische Reise führt nach Ochsenfurt an das Südufer des Mains. Die Stadt ist für ihre mittelalterlichen Fachwerkbauten und für den Weinanbau bekannt. Gut, wer es versteht, Kunst und Kultur mit Genuss zu verbinden.

Ochsenfurt ist von der Sonne verwöhnt. Kein Wunder, dass hier, im milden Klima des Maindreiecks, bei idealen Bodenbedingungen dank Tonstein und Mergel mit einzelnen Kalksteinbänken der Weinanbau bestens gelingt. So ist Ochsenfurt der ideale Ausgangspunkt für ein Genießerwochenende, bei dem Kunst und Kultur nicht zu kurz kommen.

Der Main ist die Lebensader Ochsenfurts und trug zur Stadtgründung bei. Der Name erklärt die Herkunft: Eine Furt war eine seichte Stelle im Fluss, an der man ohne größere Probleme von einem Ufer zum anderen wechseln konnte. Für die Querung waren wohl Ochsen im Einsatz, die früher oft als Zugtiere benutzt worden sind. Brücken gab es damals höchst selten, denn sie waren nicht nur teuer im Bau, sondern auch im Unterhalt. Am 500 Kilo-

← Des Zimmermanns Kunst sind die verschachtelten Fachwerkhäuser in Ochsenfurt.
↗ Vom anderen Ufer grüßt das Weindorf Frickenhausen über den Main.

meter langen Main kennt man mehrere Städte, die sich aus einer Furt gebildet haben: Frankfurt, Haßfurt, Schweinfurt und eben Ochsenfurt.
Um die Wartezeiten an einer Furt zu überbrücken, bedurfte es natürlich einer Einkehrmöglichkeit zur Versorgung der Händler. Für die Instandhaltung der Fuhrwerke waren Handwerker nötig. Man kann sich gut vorstellen, wie sich an der Furt nach und nach immer mehr Menschen ansiedelten. Langsam, aber sicher wandelte sich die Siedlung von einem Dorf zu einer Stadt. Schließlich wurde zwischen 1200 und 1350 eine Mainbrücke errichtet. Dafür setzte man mächtige Steinpfeiler in den Fluss, der Übergang selbst war aus Holz. Erst im 16. Jahrhundert verstärkte man die Mainbrücke durch stabilere Steinbögen, die über viele Jahre lang allen Fluten widerstanden. Nur dem Irrsinn des Zweiten Weltkriegs konnte die Brücke nicht standhalten, die Wehrmacht sprengte den mittleren Pfeiler. Nach einigen Umbauversuchen in den letzten Jahrzehnten erkannte man endlich den Wert der historischen Brücke, die mit der Steinernen Brücke in Regensburg gleichzusetzen ist, und sanierte sie.
Aber nicht nur die Alte Mainbrücke zeigt sich im mittelalterlichen Gewand. Die gesamte Altstadt ist ein geschlossenes Ensemble aus dem 14. Jahrhundert. Der rechteckige Grundriss ist von einer fast vollständig erhaltenen Befestigungsanlage mit mehreren Türmen umgeben. Einige Straßenzüge zeigen prächtige Fachwerkfassaden. Nur durch ihre spitzen Giebel und die unterschiedlichen Häuserfarben setzen sich die einzelnen Bauten voneinander ab. Viele der Gebäude beherbergen heute gemütliche Cafés, Restaurants und kleine Geschäfte, die zum Bummeln einladen. Ganz besonders schön ist das imposante Neue Rathaus mit seinem Lanzentürmchen und der astronomischen Figuren- und Mondphasenuhr, die sich zur vollen Stunde bewegt.

Info

MAIN-NIXE

Die Altstadtfähre »NIXE« war die Übergangslösung für Radfahrer während der Bauarbeiten an der Alten Mainbrücke. Eigentlich wollte man sie nach den Sanierungsarbeiten wieder verkaufen, aber die »NIXE« wurde so beliebt, dass man sie behalten hat und es nun regelmäßig von Mai bis Oktober Rundfahrten auf dem Main gibt.

FRICKENHAUSEN

Am nördlichen Mainufer von Ochsenfurt liegt Frickenhausen, ein malerisches Dorf, in dem sich ebenfalls viel um den Weinanbau dreht. Ein Besuch ist nicht nur aus kulinarischen Gründen zu empfehlen, es gibt auch eine sehr schöne Badestelle am Fluss.

ANREISE

Ochsenfurt besitzt einen Bahnhof, der gut ab Würzburg erreichbar ist. Die Stadt liegt auf dem Main-Radweg, sodass man einen Besuch mit einer Mehrtages-Radtour verbinden kann.

www.fraenkisches-weinland.de

42 Kempten nur mit Kässpatzen

Genussvoll durch Allgäus Hauptstadt

Der beste Tag, um nach Kempten zu fahren, ist Samstag. Da kommen aus der ganzen Umgebung Jung und Alt, um den Wochenmarkt zu besuchen. Dort gibt es die Zutaten für die berühmten Allgäuer Kässpatzen. Aber natürlich kann man diese auch direkt vor Ort probieren.

Es ist noch früh am Morgen, aber die Händler haben ihre Stände am Hildegardplatz unter den großen Türmen der St.-Lorenz-Basilika schon aufgebaut. Und kurz danach kommen die ersten Kunden, meist die ältere Generation, die mit ihren Einkaufstrolleys über das Kopfsteinpflaster ruckelt und die Obst- und Gemüsestände anvisiert. Jetzt ist noch Zeit für einen Ratsch mit den Verkäufern und natürlich mit den anderen Frühaufstehern, denn auch wenn Kempten mittlerweile an die 70.000 Einwohner hat, man kennt sich. Gegen zehn Uhr füllt sich der Platz langsam, die jüngeren Kemptner sind aufgestanden. Hierher kommen sie alle, Familien mit Kinderwagen, Nachtschwärmer, Mountainbiker, die Sportfreaks und die Liebhaber der heimischen Küche. Die Stände am Wochenmarkt bieten nämlich vor allem Produkte aus der Region an. Obst und Gemüse, Pflanzen, Brot, Fisch, Eier, selbst gemachte Pasta, Honig, regionale Wurstspezialitäten und natürlich Käse in allen Sorten und Varianten.

Es duftet nach frisch gebratenen Würsten, nach Backwaren und nach Kaffee. Vor der Treppe hinauf zur Kirche bildet sich eine lange Schlange vor einem Müsliwagen, der frisch zubereitetes Müsli mit diversen Toppings anbietet. Nicht unbedingt für zu Hause, man merkt rasch: Die Kemptner haben ihr Frühstück auf den Markt verlegt. Einige unter ihnen weiten das Ganze zum Frühschoppen aus, denn der nächste Andrang findet vor einem kleinen braunen Lieferwagen statt mit der Aufschrift »Allgäuer Kässpatzen«. Auf engstem Raum werden hier die köstlichen Kässpätzle zubereitet. Frisch gehobelt wandern sie ins kochende Wasser und von dort dampfend heiß in die Pfanne, bekommen eine ordentliche Portion würzigen Allgäuer Bergkäse und werden dann mit einem kleinen Berg an geschmolzenen Zwiebeln serviert. Gegessen wird am Platz um die Brunnen oder mitten auf der Wiese vor der ehrwürdigen Residenz. Unglaublich, so gut kann das Allgäu schmecken. Aber natürlich sollte man Kempten nicht nur wegen der kulinarischen Genüsse besuchen. Die Geschichte und Kultur der Stadt reichen bis in die Römerzeit zurück. Heute ist sie der größte Ort im Allgäu. Mit ihren historischen Gebäuden wie der Basilika St. Lorenz, der Fürstäbtlichen Residenz, der Kirche St. Mang und den hübschen Plätzen besitzt Kempten eine sehenswerte Altstadt.

← Nur am Samstag gibt es den beliebten Kemptner Markt vor der St.-Lorenz-Basilika!
↗ So schmecken Allgäuer Kässpatzen: frisch aus der Pfanne.

Info

RÖMER

Am Hochufer der Iller liegt das römische Archäologische Parkforum Cambodunum, das Besucher in die Zeit des Römischen Reiches zurückversetzt. Hier kann man Überreste von römischen Bädern, Tempeln und Wohnhäusern bestaunen.

ERASMUSKAPELLE

Unter dem St.-Mang-Platz liegt die Ruine der Erasmuskapelle. Eine Besichtigung der unterirdischen Gewölbe mit ihrer Multivisionsshow ist gleichzeitig eine Reise in die Vergangenheit Kemptens. Sehr sehenswert!

ANREISE

Kempten erreicht man mit dem Zug oder dem Auto über die A7.

www.kempten-tourismus.de

43 Alpenstadt Innsbruck

Zwischen Bergsport und Stadterleben

Die Türen der Tram öffnen sich, nur ein paar Schritte, und schon geht es mit der Bergbahn gen Himmel. In wenigen Minuten vom Zentrum zur Bergstation – Innsbruck ist die Stadt für alle, die eigentlich lieber in der Natur als in der City sind.

Innsbruck am Fuße der Nordkette ist umgeben vom Karwendelgebirge im Norden und dem Patscherkofel im Süden. Egal, wo man sich in der Stadt befindet, die Berge ragen immer über die Dächer der Stadt hinaus. Als »Hauptstadt der Alpen« hat Innsbruck einerseits seinen dörflichen Charakter beibehalten, versprüht aber gleichzeitig mit etwa 30.000 Studierenden unter den 130.000 Einwohnern den Charme einer jungen Studentenstadt. Mal eben zwischen den Vorlesungen eine Runde auf der Piste drehen oder eine kleine Gipfelwanderung? Kein Problem! Der Startpunkt der Nordkettenbahnen befindet sich nur ein paar Meter von der Hofburg entfernt. Tradition und Alpenidylle modern interpretiert: Die Hungerburgbahn wurde von der berühmten Stararchitektin Zaha Hadid geplant und realisiert. Die vier extravagant und futuristisch gestalteten Stationen Congress, Löwenhaus, Alpenzoo und Hungerburg gelten als Meilensteine moderner Architektur im Alpenraum.

Mit der Hungerburgbahn geht es direkt auf die Hungerburg. Oben angekommen führen nur wenige Schritte, vorbei am Hermann-Buhl-Platz, zur Talstation der Seegrubenbahn und von hier ganz hinauf zum TOP OF INNSBRUCK. Die 2344 Meter hohe Hafelekarspitze ist der höchste Punkt der Nordkette. Ohne lange Aufstiege ist man also direkt aus der City in kürzester Zeit auf dem Berggipfel.

← Wo ist hier die Großstadt? In Innsbruck fühlen sich alle wohl, die eher im »Team Land« statt im »Team Stadt« sind – oder beides schätzen.

Tipp

FÜR AKTIVE

Sportlich Aktive erkunden die Gegend mit dem Bike, zu Fuß oder mit Ski und Snowboard. Mehr als 40 Klettertouren unterschiedlicher Schwierigkeitsgrade garantieren ein abwechslungsreiches Naturerlebnis

Korallen auf dem Gipfel: Wer sich nicht nur mit dem Ausblick begnügen will, sondern mehr über die Bergwelt lernen möchte, erfährt ab der Hafelekarbergstation auf den Info-Tafeln des Geotrails alles über den früheren Meeresboden und die Entstehung der zerklüfteten Felsformationen des Karwendels. Der Nordkette Perspektivenweg verbindet architektonische Highlights mit einem atemberaubenden Naturerlebnis. An der Station Seegrube, die Mitte des 20. Jahrhunderts vom Architekten Franz Baumann gebaut wurde, befindet sich der Perspektivenweg, welcher wiederum von den renommierten Architekten von Snøhetta entworfen wurde. Cortenstahl und Lärchenholz bilden moderne Kontraste zur Topografie der umgebenden Landschaft. Im Winter ist die 1905 Meter hoch gelegene Seegrube die erste Adresse für den Wintersport in Innsbruck. Der Nordkette Skyline Park sorgt mit Kickern, Rails und Obstacles für Adrenalin unter den Freeridern. Sechs Pisten bieten Abfahrten für Anfänger und Profis, zahlreiche Freeride-Varianten lassen alle Tiefschneefanherzen höherschlagen. Zu den steilsten Skirouten Europas zählt die Karrinne, mit einem Gefälle von 70 Prozent.

»Die Berge sind nicht mehr eine Kulisse, sondern Teil der Stadt. Innsbruck ist eine Stadt zum Wohlfühlen.«

Bürgermeister Georg Willi

Ob wandern, Pistenspaß oder Mountainbike – irgendwann knurrt der Magen. Auf den Hütten warten Tiroler Klassiker wie Speckknödel. Die Gaststube in der Station Hafelekar wurde Anfang 2023 renoviert und serviert Alpenküche mit atemberaubendem Ausblick über die Alpenstadt.
Innsbruck war bereits zweimal Austragungsort der Olympischen Winterspiele. 1964 und 1976 trat hier die Elite des Wintersports gegeneinander an. Die Olympische Sprungschanze am Bergisel ist zudem eine von vier Austragungsstätten der Vierschanzentournee. Anfang der 2000er-Jahre wurde die Olympische Sprungschanze ebenfalls von Zaha Hadid erneuert und ist seitdem ein Magnet für Besucher. In nur zwei Minuten geht es mit dem Schrägaufzug auf rund 250 Meter. Hier wartet das Panorama-Restaurant Bergisel SKY samt Aussichtsterrasse mit einem 360-Grad-Rundblick.

Vom Sportprogramm zum Sightseeing

Die Sonne spiegelt sich in den glänzenden Schindeln des »Goldenen Dachl«, dem absoluten Wahrzeichen der Stadt. Das 1420 als Wohnsitz der

↗ Fluss, bunte Häuser, Bergkulisse: Das macht Innsbruck aus.
← Das »Goldene Dachl« besteht aus 2657 vergoldeten Kupferschindeln.

Tiroler Landesfürsten errichtete Bauwerk erhielt erst im Jahr 1500 im Auftrag des späteren Kaisers Maximilian I. seinen charakteristischen Erker. Doch bei einem Spaziergang merkt man schnell, dass es noch viel mehr zu sehen gibt: Die prunkvolle Hofburg, die »Schwarzmander-Kirche«, aber auch moderne Gebäude wie das von David Chipperfield entworfene Kaufhaus Tyrol an der Maria-Theresien-Straße passen sich bestens in das Altstadtensemble ein.

Info

ALPENZOO

Der Alpenzoo unterhalb der Hungerburg zeigt die heimische Tierwelt und lockt damit nicht nur Familien.

KLETTERZENTRUM

Das Wetter ist zu schlecht für den Klettersteig oder Klettertouren in der freien Natur? In dem modernen Kletterzentrum findet das ganze Jahr hindurch Klettersport statt.

BURRITOS

Im Machete – Burrito Kartell gibt es richtig leckere mexikanische Leckereien, auch ohne Fleisch.

ANREISE

Mit dem Zug geht es umweltfreundlich von München in 2,5 Std. nach Innsbruck. Ticketpreise beginnen bei etwa 20 €.

44 Alles Musik in Eisenstadt

Herbstgold, Oper im Steinbruch und Seefestspiele

Das Kulturkarussell dreht sich in Eisenstadt zwar nicht ausschließlich um Musik, aber meistens. Kein Wunder, gibt es doch die enge Verbindung zum berühmten Komponisten Joseph Haydn, der einen Großteil seines Lebens in Eisenstadt verbracht hat.

Eisenstadt liegt westlich des Neusiedler Sees und ist mit gerade einmal 15.000 Einwohnern die Hauptstadt des Burgenlandes. Zum kleinsten Bundesland Österreichs passt natürlich auch eine kleine Hauptstadt. Musikalisch gesehen ist Eisenstadt aber eine echte Größe. Eine der Hauptrollen spielt Joseph Haydn. Ab 1761 wirkte er über 40 Jahre lang als Hofkapellmeister für die adelige Familie Esterházy. Haydn komponierte hier zahlreiche seiner bekanntesten Werke, darunter die berühmten Sinfonien »Die Uhr« oder »Die Schöpfung«. Das Schloss Esterházy im Zentrum von Eisenstadt diente Haydn als künstlerischer Mittelpunkt. Ganzjährig finden deshalb Konzerte in historischen Spielstätten wie dem Haydnsaal im Schloss Esterházy oder der Bergkirche statt, die für ihre exzellente Akustik bekannt sind.
Das Herbstgold-Festival bietet ein vielfältiges Programm, das sowohl Haydns bekannte Meisterwerke als auch selten aufgeführte Stücke des Komponisten umfasst. Während dieser Zeit tummeln sich in der Stadt viele Menschen, es herrscht ein reges Treiben in den hübschen Gassen und Plätzen.
Aber auch ganz in der Nähe von Eisenstadt gibt es weitere kulturelle Musikhöhepunkte, die Besucher aus der ganzen Welt anziehen. So finden während der Sommermonate Opernaufführungen im ehemaligen Römersteinbruch St. Margarethen statt. Dazu kommen die Seefestspiele von Mörbisch am Neusiedler See, bei denen auf einer Seebühne vor allem Operetten auf dem Programm stehen. Doch Mörbisch macht nicht nur durch seine Festspiele auf sich aufmerksam, sondern auch durch seine romantischen Hofgassen, die inzwischen zum UNESCO-Weltkulturerbe gehören. Dort kann man einen der guten Burgenländer Weine verkosten, denn zwischen Eisenstadt und dem Neusiedler See reihen sich die Weingärten dicht aneinander. Gegen Abend öffnen überall in Kellergassen die Heurigen-Weinkeller. Gesellig sitzt man an langen Holztischen und lässt sich den hauseigenen Wein mit einer Marende schmecken. Und Ende August finden die Wein- und Genusstage statt. Lauter Gründe, eine Reise ins Burgenland in Erwägung zu ziehen.

↑ Vielfältig sind die Musikdarbietungen im Burgenland, beispielsweise im Schloss Tabor bei Neuhaus am Klausenbach im Südburgenland.
↙ Das Schloss Esterházy in Eisenstadt ist nicht nur ein prächtiges Barockschloss, sondern dient auch als kultureller Veranstaltungsort.

Info

FRANZ LISZT

Haydn war nicht der einzige Musiker, der im Burgenland seine Spuren hinterlassen hat. In Raiding steht das Geburtshaus von Franz Liszt – dort findet jedes Jahr im Oktober das Liszt Festival statt.

NEUSIEDLER SEE

Nach so viel Kunst darf man auch einmal entspannen. Gut, dass der Neusiedler See ganz nah ist. Er ist für seine warmen Badetemperaturen bekannt und für den riesigen Schilfgürtel, der ihn in weiten Teilen umgibt. Damit ist er Naherholungs- und Naturschutzgebiet in einem.

ANREISE

Eisenstadt erreicht man gut mit dem Zug ab Wien.
www.kultur-burgenland.at und www.burgenland.info

Gut zu wissen ?

Da gibt es noch viel mehr auf der Liste

Und ich war auch noch nicht in ... vielen weiteren Städten in Europa, die alle sehr l(i)ebenswert sind und die sich hervorragend für eine Auszeit eignen. Kleinstadtcharme, pittoreske Altstädte, lebendige Stadtplätze, abwechslungsreiche Kunst und Kultur, verschiedene Übernachtungsmöglichkeiten und vor allem auch die Gelegenheit, regionale Spezialitäten zu probieren, das ist das Flair einer gelungenen Städtereise. Es gibt noch unendlich viel in Europa zu entdecken – man muss nur seinen Koffer packen und losziehen.

Husum

Ein bisschen Nordsee, ein bisschen Theodor Storm, ein bisschen Wind um die Nase und vor allem viel weite Sicht. In dem kleinen Städtchen vergeht die Zeit beim Baden, Wattwandern und Radfahren viel zu schnell (www.husum.org).

Nördlingen

So malerisch, dass man es »kitschig« nennen könnte. Das fränkische Städtchen mit seiner intakten Stadtmauer ist eines der großen Highlights auf der Romantischen Straße. Direkt vor seinen Toren liegt das Nördlinger Ries, entstanden durch einen Meteoriteneinschlag (www.noerdlingen.de).

Narbonne

Ganz im Süden Frankreichs, kurz vor der spanischen Grenze, liegt Narbonne am Canal du Midi. Hier ist alles echt und wenig touristisch, das Meer ist nah, der Fisch frisch, und kulturell gibt es viel zu besichtigen (www.france-voyage.com).

Straßburg

Die Geburtsstadt des Flammkuchens – besser als in der malerischen Fachwerkstadt am Rande des Elsass kann diese Spezialität nicht schmecken. Dazu kommt die idyllische Altstadt am Fluss Ill, samt unzähligen Storchennestern, ein echter Traum (www.visitstrasbourg.fr).

Danzig

Die polnische Ostseeperle und ehemalige Hansestadt bezaubert mit ihrer bewegten Geschichte, dem modernen Hafen, ihrer Architektur und dem gut erhaltenen Stadtbild (www.gdansk.pl).

↖ Malerisches Straßburg im Elsass.

Trapani

Die Hafenstadt liegt an Siziliens Westküste. Das Meer im Blick, Badebuchten vor der Tür, Salinen im Süden und den Monte Erice im Rücken – da kann man viel unternehmen (www.visitsicily.info).

Finale Ligure

An der Italienischen Riviera treffen die Alpen auf das Mittelmeer – ein Hotspot für Mountainbiker, Kletterer und Wanderer. Finale Ligure unweit von Savona ist der ideale Ausgangspunkt in die Berge oder zum vergnüglichen Schwimmen an Liguriens Küste (www.visitligurianriviera.it).

Sorrent

Mehr italienisches Flair als bei Sorrent an der Amalfiküste ist kaum möglich. Auf engstem Raum wurden die Häuser an die Steilküste gebaut, dazwischen wachsen überall die berühmten Zitronenbäume für den weltbesten Limoncello, den man eiskalt trinken sollte (www.sorrentoinfo.com).

Freistadt

Als österreichische Brauereistadt ist Freistadt bekannt. Sie liegt im stillen Mühlviertel, nahe zur Grenze nach Tschechien. Kleine Stadtplätze und die Stadtmauer mit den Toren sind ihr Wahrzeichen (www.muehlviertel.at).

Salzburg

Die Weltkulturerbe-Stadt ist nicht nur Geburtsort von Wolfgang Amadeus Mozart, sondern auch die Heimat der berühmten Salzburger Nockerln. Eine Nachspeise, die vorwiegend aus gezuckertem Eischnee besteht, der zu drei kleinen Bergen getürmt und goldgelb im Ofen gebacken wird (www.salzburg.info).

In Europas Städten gibt es immer wieder Unerwartetes zu entdecken. Am Wasser, in den Bergen und zwischen altem Fachwerk kann man auf Erkundungstouren gehen und Landestypisches aufspüren.

Register

Bildnachweis

Lisa und Wilfried Bahnmüller: 4, 5l., 5r., 7, 10, 13, 14 / 15, 17, 18, 19, 20, 21, 22 / 23, 34, 36, 37, 60, 62, 65, 66, 68, 69, 70 / 71, 76, 77, 78, 79, 80, 82, 83, 84, 85, 86, 88, 89, 90 / 91, 100, 101, 103, 104o., 104l., 104r., 106o., 106u., 107, 111, 117, 118, 119, 120o., 120u., 121, 126, 128, 131, 132, 133, 134, 146, 137, 153, 154 / 155, 156, 157, 158, 160, 161, 166, 168, 169, 170, 171, 173, 174, 175, 176, 177, 178, 180, 181, 182, 183, 184, 186;
Julia Schattauer: 24, 26, 27, 28, 29, 31, 32, 33, 39, 40, 41, 42, 43, 44, 45, 46, 48, 49, 51, 52o., 52l., 52r., 53, 54, 55, 57, 58, 59, 97, 98o., 98u., 99, 108, 109, 110, 113, 122, 124, 125, 138, 139, 140, 141, 144o., 146o., 146u., 148, 150, 152, 163;
Shutterstock: 73 (Yasonya), 74 (Sergey Dzyuba), 75 (Albina Sazheniuk), 92 (godongphoto), 94 (barmalini), 95 (ESB Professional), 112 (Roman Babakin), 114 (Konstantin Aksenov), 115 (Serg Zastavkin), 143 (Florian Augustin), 144u. (Christophe Cappelli), 147 (Fotokon), 164 (kavalenkava), 165 (EQRoy).

Autorinnen

Julia Schattauer hat ihre beiden Leidenschaften zum Beruf gemacht: das Schreiben und das Reisen. Dabei zieht es sie immer wieder in kleine und große Städte, denn als studierte Kunsthistorikerin beginnt ihr Herz in den Museen und kleinen Gassen besonders schnell zu klopfen. Als freie Autorin schreibt Julia Bücher und Artikel über all die Orte, die sie begeistern und hat diesen ihren Blog »Bezirzt« gewidmet.

Lisa Bahnmüller, geboren 1969 in Rosenheim, studierte Fotodesign an der Bayerischen Staatslehranstalt für Fotografie in München. Nach ausgedehnten Reisen, die sie rund um die Welt führten, arbeitet sie gemeinsam mit ihrem Vater als freiberufliche Fotografin und Textautorin für Buch- und Zeitschriftenveröffentlichungen.

Impressum

Verantwortlich: Carola Holzer
Lektorat: Buch&media GmbH
Satz: Buch&media GmbH
Korrektorat: Christine Miller
Kartografie: Heike Block / Huber Kartographie
Repro: LUDWIG:media
Herstellung: Alexander Knoll
Printed in Poland by CGS Printing

★★★★★

Sind Sie mit diesem Titel zufrieden? Dann würden wir uns über Ihre Weiterempfehlung freuen.
Erzählen Sie es im Freundeskreis, berichten Sie Ihrem Buchhändler, oder bewerten Sie bei Onlinekauf. Und wenn Sie Kritik, Korrekturen, Aktualisierungen haben, freuen wir uns über Ihre Nachricht an Bruckmann Verlag, Postfach 40 02 09, D-80702 München oder per E-Mail an lektorat@verlagshaus.de.

Unser komplettes Programm finden Sie unter www.bruckmann.de

Umschlagvorderseite: o.l. Bunte Häuser in den Straßen von Nizza (Adobe Stock / xbrchx); o. r. Sonnenaufgang in Matera (Adobe Stock / JFL Photography); u. Der beleuchtete Rathausplatz in Riga (Adobe Stock / Grigory Bruev).
Umschlagrückseite: l. In Rabat auf Malta beeindruckt die Architektur. (shutterstock / Roman Babakin); v. o. n. u. In Göteborg spielt sich fast alles am Wasser ab. (Lisa Bahnmüller) Aktiv am Stadtstrand von Marseille. (Lisa Bahnmüller) In Bratislava lohnt es sich auf den Boden zu schauen. (Lisa Bahnmüller) Die römischen Bäder in Bath werden nachts beleuchtet. (shutterstock / Boris Stroujko)

Die Deutsche Nationalbibliothek verzeichnet diese Publikation in der Deutschen Nationalbibliografie; detaillierte bibliografische Daten sind im Internet über http://dnb.d-nb.de abrufbar.

ISBN: 978-3-7343-2899-2